AF533225

Bayerischer Advent

Allitera Verlag

Originalausgabe November 2022
Allitera Verlag
Ein Verlag der Buch&media GmbH, München

Lektorat und Bildredaktion: Dietlind Pedarnig
Layout, Satz und Umschlaggestaltung: Johanna Conrad
Gesetzt aus der Adobe Garamond Pro, der Kinesis Pro 3 und der Livingstone
Covergestaltung: Mona Königbauer

Printed in Europe · ISBN 978-3-96233-339-3

Allitera Verlag
Merianstraße 24 · 80637 München
Fon 089 13 92 90 46 · Fax 089 13 92 90 65

Weitere Publikationen aus unserem Programm finden Sie auf www.allitera.de
Kontakt und Bestellungen unter info@allitera.de

ANDREAS M. BRÄU

Bayerischer Advent

24 Bräuche in der staaden Zeit

Allitera Verlag

Inhalt

Vorwort

Ach, Advent! Strahlt nicht quasi jedes Haus ab den ersten Dezemberwochen im Lichterglanz, der Bäume, Fassaden, Hecken und Fenster ziert? Duftet es nicht bereits im November aus den Hausfluren nach Lebkuchen und Platzerln? Hört man nicht mehr Musik um sich herum und verändern sich nicht die Blicke der Menschen aufm Christkindlmarkt und in den geschmückten Altstädten? Das macht eben nur der Advent.

Keine Zeit im Jahr war und ist so reich an Traditionen und Gebräuchen wie die Advents- und Weihnachtszeit. Zum Teil gehen diese Jahrhunderte zurück, viele sind ausgestorben oder an sie wird nur mehr museal erinnert. Andere Traditionen entwickeln sich neu und werden von Gruppen, von einzelnen Familien oder Vereinen belebt und am Leben gehalten. Perchten ziehen wieder vermehrt durch die Dunkelheit, auch Klöpfler hört man klingeln. Der Nikolaus samt Krampus war schon immer unterwegs, doch das Paradeisl und den Christbaum bringt er nicht mehr.

Mit dem Andreastag am 30. November endet das Kirchenjahr und der Advent läutet ein neues, mit Tätigkeiten prall gefülltes ein, das gleich nach 24-tägigem, früherem Fasten die Höhepunkte aus Weihnacht (adventus domini), Stefani bis Heiligdreikönig aneinanderreiht.

Jede Familie entwickelt über die Generationen hinweg neue Rituale für die Wochen bis zur ersehnten Bescherung. Dieses Warten als Kern des Advents kann viele Ausformungen haben. Schließlich ist seine Wortbedeutung vom lateinischen »adventus«, abzuleiten, der Hoffnung auf die Ankunft Christi. In dieser vierwöchigen Vorbereitungswartezeit ist viel zu tun. Man baut das Kripperl auf, bastelt, öffnet die Türl am Kalender, entzündet Kerzen, singt, liest und bäckt.

In meiner Familie beginnt alles am Andreastag mit der Lebkuchengroßproduktion. An den Adventssonntagen sitzt man beim Tee oder Punsch beisammen. Der Kirchgang wird wieder regelmäßiger, wenngleich die Engelämter halt gar so früh beginnen. Es wird mehr getuschelt und geheimniskrämerisch versteckt. Schließlich spielen auch die Packerl nicht nur bei den Kindern eine Rolle. Auch das Beschenken hat alte Wurzeln und steht mit karitativer Freigebigkeit in engem Zusammenhang. Und wer freut sich nicht über eine kleine Aufmerksamkeit?

Der Partenkirchner Pfarrer Andreas Lackermeier predigt, das zu tun, was er in den Messen erzählt: Amal eine Stunde nur aufs Licht einer Kerzn schauen, einfach amal nix machen, Gedanken fliegen lassen. Wer dem Adventstrubel zwischen Feier und Vorbereitung anheimfällt, dem rät er: »Dann bleibt's hoid dahoam. Man muss ned auf jeder Weihnachtsfeier mitsingen.« Runterfahren trotz der Terminflut. Er selbst verringert die Zahl der Konferenzen, hält weniger Dienstbesprechungen, schließlich gibt es dafür deutlich mehr Messen bis zum Höhepunkt an Heiligabend. Dann bleibt auch mehr Zeit für den einen oder anderen Brauch, der vielleicht seit Kindertagen im Erwachsenenstress verschütt ging.

Eine meiner persönlichen Adventstraditionen bestand als Kind darin, am 23. Dezember am Abend im Bett

Der Autor mit Mama beim Baumschmücken anno 1989

noch lange Hörspielkassetten zu hören. Das gehörte dazu und war nötig. Denn welches Kind kann denn schon einschlafen, wenn es weiß, dass am nächsten Tag das Christkindl mit dem Festessen, dem feierlichen Heiligen Abend und den so wichtigen Geschenkpackerln kommt? Dazu muss man ja nicht nur die ganze Nacht, sondern auch noch den ganzen folgenden Tag abwarten. Wie soll man denn da einschlafen, bitte? Da halfen die Kassetten und irgendwann überkam mich doch der Schlaf und irgendwann war dann auch endlich der Heiligabend da.

Für dieses Buch haben wir uns zu einer besonderen, adventlichen Bayernreise aufgemacht, um das Warten auf den 24. zu verkürzen. Jeden Tag öffnen wir das Türl zu einem bayerischen Brauch, der älter oder jünger, bekannter oder geheimer, heidnisch oder christlich, größer oder kleiner sein mag, jedoch zur Region, zur Gemeinde, in die Familie und zum Advent der Menschen gehört. Das können Brucker Lichterhäusl, Nürnberger Engerl, Grainauer Krippen, Oberpfälzer Mettensuppen oder Allgäuer Klausen sein. Wir schnuppern in die Weihnachtsbäckerei, bummeln über den Christkindlmarkt, lassen uns einen Lebkuchen auf der Zunge zergehen und probieren unsere Fingerfertigkeit beim Eiszapfenbasteln. Denn diese Bräuche und viele weitere sind lebendig. Darum mögen sie hier beschrieben werden, um auch Ihnen, verehrte Leserin, verehrter Leser, das Warten auf den Heiligen Abend zu verkürzen und zu versüßen.

Als Historiker, Autor, Schauspieler und Weihnachtsliebhaber darf ich Sie auf eine 24-tägige Tour durch bayerische Traditionen mitnehmen, damit wir einen besinnlichen und schönen Advent zwischen zwei Buchdeckeln zusammen erleben.

Oktober 2022, Andreas M. Bräu

Paradeisl: Ein gebasteltes Stückerl vom Paradies aus dem Bayerischen Wald

Dass das Warten im Advent so ein zweischneidiges Schwert ist, das ist nicht nur jedem Kind, sondern auch den Erwachsenen bekannt. Aus unterschiedlichen Gründen: Während den einen die Zeit lang wird, bis das Christkindl denn endlich kommt, verrinnen den anderen die Tage, bis nach Packerlschlacht und Kampf am kalten Buffet der Weihnachtsfriede endlich eintritt. Um das Warten zu erleichtern und sogar bildschön zu verbrämen, da gibt es so manches Kunstgebilde, das gar an das Warten auf die Rückkehr ins Paradies erinnert.

Wanderarbeiter aus Südtirol und Österreich haben vermutlich um 1870 aus ihrer Heimat die Tradition des Paradeisls mitgebracht und im Bayerischen Wald verbreitet. Mit einfachen Mitteln holten sie sich ein wenig Lichterglanz während der dunklen Wintertage in ihre ärmlichen Unterkünfte. Vier Äpfel waren immer da, drei davon legten sie als Eckpunkte in Form eines Dreiecks aus und verbanden sie mit ein paar Holzstäben. Ein vierter Apfel krönte das Ganze zu einer Pyramide. Da fehlten nur mehr die Kerzen und man wusste, wann nach vier langen Wochen denn nun Heiligabend war. Manchmal wurde in die Mitte des Gebildes eine Nuss gehängt, in der sich ein zart modelliertes Wachs-Christkindl oder gar eine ganze Krippenszene befand. Diese wurde dann an Heiligabend geöffnet und die Ankunft des Erlösers für alle sichtbar.

Im Zuge der Industrialisierung wanderten die Arbeiter und ihre mitgebrachten Bräuche weiter nach Cham, nach München und während der Urbanisierung in weitere bayerische Städte. Das Paradeisl kam mit und der Adventsbrauch mit vier Äpfeln und Kerzen im Gebilde blieb über das 19. Jahrhundert hinaus bestehen.

Aber der 24. Dezember steht ja nicht nur für die Geburt Christi, sondern der Tag erinnert auch an die Vertreibung von Adam und Eva aus dem Paradiese wegen eines – genau – Apfels. Dieser unfreiwillige Hinauswurf, der Sündenfall der Menschheit, wird durch das Kommen des Messias quasi wieder rückgängig gemacht und damit lädt der Paradiesapfel an Weihnachten gleichzeitig zurück in den guten alten Garten Eden ein. Und die Pyramide erlaubt jedem, daheim ein Stückerl Paradies zu haben …

Adam und Eva lassen sich verführen. Ausschnitt aus dem Gemälde »Paradies« von Lucas Cranach dem Älteren, 1530. Die in der Bibel botanisch nicht näher verortete verbotene Frucht wurde als (Granat-)Apfel, Quitte oder sogar Zitrone gedeutet.

Damit aber noch nicht genug der Codes und symbolischen Verknüpfung aus Altem und Neuem Testament: Das Dreieck steht freilich für die Trinität aus Vater, Mutter, Sohn ebenso wie für die Dreifaltigkeit aus Gottvater, Gottsohn und Heiligem Geist. Ursprünglich musste die dritte Kerze von einer anderen Farbe sein, wie man es heute noch häufig bei klassischen Adventskränzen in den Kirchen sieht. Obwohl die Kranzform eine protestantische Tradition ist, hat sie sich ganz ökumenisch mittlerweile auch auf die Katholiken ausgebreitet. Dazu später mehr, zunächst zurück zur Kerzenfarbe: An den ersten beiden Adventssonntagen brennen traditionell zwei violette Kerzen (also in der Farbe der Buße), bevor am Sonntag »Gaudete« ein rosafarbenes (also das aufgehellte violette) Kerzerl angezündet wird, dem eine Woche später der letzte, wieder violette Lichtbringer folgt.

»Heut schließt er wieder auf die Tür
zum schönen Paradeis,
der Cherub steht nicht mehr dafür.
Gott sei Lob, Ehr und Preis!«

So heißt es herzlich im Kirchenlied »Lobt Gott, ihr Christen, allzugleich« aus dem Jahr 1550. Mit der Verheißung auf Erlösung durch die Geburt Christi versperrt kein Engel mehr das Garten-Eden-Türl. So stehen die ehemals sündhaften Äpfel mit der richtigen Kerzenfarbe endgültig für die weihnachtliche, sündenfreie Rückkehr ins Paradies.

Nur am Rande sei hier bemerkt, dass in Österreich Tomaten als »Paradeiser« bezeichnet werden. Als die roten Sommerfrüchte von Amerika nach Europa kamen, nannte man sie im Süden des deutschen Sprachraums »Paradeis-Äpfel«, erinnerten sie doch stark an die Frucht, die man dem »Baum der Erkenntnis« im Garten Eden zuschrieb – an den roten Apfel. Und dann war es auch nicht mehr weit zum »Paradeiser«.

Gaudete-Kerzerl in der Klosterkirche Mariä Himmelfahrt in Fürstenzell

Wicherns Wunsch wird noch heute in Passau Wirklichkeit: Echter Adventskranz mit 24 Kerzen auf dem Wittelsbacherbunnen am Residenzplatz

Der »Paradiesapfel« hat sich im Übrigen noch in einer weiteren Form im weihnachtlichen Brauch erhalten: Wenn man der Legende Glauben schenken darf, so war es 1847 die Idee eines armen Glasbläsers aus der thüringischen (dem Bayerischen recht nahen) Gemeinde Lauscha, farbige Kugeln aus Glas als Schmuck für den Christbaum herzustellen, denn teure Äpfel konnte er sich nicht leisten. Schon war die Christbaumkugel geboren beziehungsweise geblasen. Heute ist sie neben roter und apfelgleicher Form Ausdruck der überbordenden Kreativität der Weihnachtsindustrie zwischen Bierkrugimitat, Blinkepaillette und Bajuwarenkitsch vom König Ludwig II.-Konterfei bis zum Münchner Kindl mit Bierkrug und Rettich in der Hand. Dann lieber ein Paradeisl!

Den heute öfter verbreiteten Adventskranz erfand übrigens ein Theologe im 19. Jahrhundert ganz bewusst für die Kinder. 1839 kam Johann Hinrich Wichern in Hamburg in seinem Kinderheim auf eine blendende Idee, um den vielen Nachfragen, wann denn jetzt endlich Weihnachten sei, zuvorzukommen: Auf einem Wagenrad platzierte er 20 kleine und 4 große Kerzen. Am 1. Dezember wurde die erste entzündet und so ging das bis Heiligabend weiter und Schluss war mit der tagtäglichen Nachfragerei wegen der Bescherung. Gleichzeitig wurde es täglich heller und das Licht wärmer. Welch schönes Symbol für die Geburt des Heilands am 24. Dezember: »Ego sum lux mundi« – »Ich bin das Licht der Welt.« 1937/38 übernahmen dann auch die Münchner Katholiken den Brauch. In Sankt Sylvester in Schwabing wurde nachweislich der erste Adventskranz auf der anderen Seite der Ökumene entzündet.

Der aus Tannenzweigen geflochtene Adventskranz mit vier Kerzen löste vielerorts in den Stuben und Wohnzimmern das schlichte Paradeisl ab, im Bayerischen Wald und im Österreichischen jedoch wird seine Tradition wieder neu belebt. Aber egal ob da 24 oder 4 Kerzen, eine Pyramide oder ein Kranz, ein Wagenrad oder der heute stark verbreitete Adventskalender stehen: Die Tage im Advent scheinen für Groß und Klein zu lang und zu kurz zugleich zu sein. Das Warten wiegt halt doch immer noch schwer, während die Zeit bis zum Heiligen Abend für jeden in seiner eigenen Geschwindigkeit verrinnt.

Ein schlichter Christbaum mit Kerzen und Äpfeln, ganz ohne Lametta und schmückendem Kitschbehang. Ansichtskarte 1920er-Jahre

Historischer Christbaumschmuck aus Deutschlands erstem deutschen Weihnachtsmuseum von Käthe Wohlfahrt in Rothenburg ob der Tauber

Obacht dem, der etwas auf dem Kerbholz hat! Zeit- und Tatmessung im Advent

Das mit dem Warten im Advent ist ja – wie bereits beschrieben – ein zweischneidiges Schwert. Und dieses braucht man auch, um sein Kerbholz gescheit geschnitzt zu bekommen. Einerseits vergeht die Zeit zu langsam, andererseits langen bei manchen Mädchen und Buben die 24 Tage des Advents gar nicht aus, um all die Untaten des vergangenen Jahres ungeschehen zu machen. Indem man brav Schnee räumt, das Moos fürs Kripperl sammelt und der Mama beim Platzerlbacken hilft, versucht der eine oder andere das Register der Sünden zu löschen oder zumindest mit tugendhaftem Werken aufzuwiegen. Zudem geht die erste Frist ja nur bis zum 5. Dezember, wenn der Nikolaus in seinem goldenen Buch schon all die unguten und hoffentlich auch so manche gute Tat drinnen stehen hat. Da kommt dem sprichwörtlichen Kerbholz sogleich eine ganz andere Bewandtnis zu, bedeutet es doch Countdown zum Heiligen Abend und die Chance zum Reinwaschen aller Sünden, sodass man eben nichts (mehr) »auf dem Kerbholz« hat.

Eine Kerbe als Symbol oder Erinnerung ins Holz zu ritzen ist ein altes Bild. Richard Wagner lässt seinen Göttervater Wotan vertrackte Verträge in den Speer schnitzen, damit schließt er an die germanische Mythologie an. Im katholisch-deutschsprachigen Raum ritzten die Kinder seit dem Spätmittelalter auf ein bis zwei Zentimeter dicken Hölzern – den sogenannten Klausen, Bet- oder Vaterunserhölzern – ihre während der Adventszeit geleisteten guten Taten, Gebete und Besuche der Messe ein. Damit hofften sie, am 6. Dezember dem heiligen Nikolaus (Klausen) anschaulich zu beweisen, dass man »brav« gewesen war. Man musste nur ein kerbenreiches Hölzerl vorweisen, das bestenfalls aufgrund der vielen Rillen bereits bruchgefährdet war. Damit erfährt das Kerbholz eine Bedeutungsveränderung und man kann es eben auch nutzen, um »wohlfeiles Verhalten« anzuzeigen und nicht nur sein Sündenregister up to date zu halten. Denn das Gute-Taten-Register beschert Belohnung und Beschenkung. Erst im 20. Jahrhundert wanderte der Packerlberg auf den 24. Dezember. Zuvor brachte der strenge Nikolaus die Gaben oder der noch strengere Krampus die Bestrafung, wenn das Kerbholz sich im eigentlichen Wortsinn vor Untaten bog.

Liebevoll geschnitzte und verzierte Gute-Taten-Register in Holz aus Wörgl in Tirol

»Wärst brav gewesen!«
Krampus-Karten, 1910

Mittlerweile bietet auch der Kölner Holzuhrenhersteller »Kerbholz« seine Herrenaccessoires im Rahmen des hausinternen Adventskalenders an. Da ist die Zeitmessung dann sogar der Atomuhr gemäß auf Sekundenbruchteile genau. Romantischer ist da freilich die geschnitzte Stricherlliste. Denn wer jeden Tag eine gute Tat vollbringt, weiß automatisch auch, wann der Nikolaus diese gebührend gewichten wird. Dies gilt auch für die Erwachsenen mit und ohne Uhr, die bereits seit dem 10. Jahrhundert belegtermaßen Kerbhölzer nutzten, um Schulden zu notieren und Verträge zu besiegeln. Auch wenn man nicht lesen oder schreiben konnte, so konnte man sehr wohl im Beisein des Vertragspartners oder Schuldners schnitzen. Durch die Ritzungen auf den Hölzchen wurden so Absprachen getroffen. Ein frühmittelalterlicher Strichcode quasi, nur ohne Lesegerät.

Das brauchte es auch nicht, denn das System ist alt, aber genial: Indem ein Holzstock der Länge nach gespalten und anschließend in die passgenau nebeneinander gelegten Teile eine entsprechende Anzahl von Strichen eingeritzt oder gebrannt wurde, konnte man sie fälschungssicher aneinanderhalten und vergleichen. Den einen Holzstab erhielt dann der Schuldner, den anderen der Gläubiger. Bei der Abrechnung legte man die beiden Stöcke wieder zusammen, sodass sich die Kerben genau entsprachen. Mogelte der eine, passte sein Stöckerl nicht zum anderen. Das galt für klamme Kreditnehmer ebenso wie für ruachige Geldverleiher.

Waren die Schulden aber bezahlt, wurde das Holz abgehobelt und wieder von den Markierungen befreit oder gleich eingeschürt. Dieses ebenso einfache wie funktionale Buchhaltungssystem ermöglichte es darüber hinaus, Rechnungen und Steuerquittungen »auszustellen«, Lohnzahlungen und Warenlieferungen zu dokumentieren oder auch den im Wirtshaus beim Kartenspiel verlorenen Geldbetrag gewissenhaft festzuhalten. Denn gekartelt wurde ebenso lange schon, wie man Geld leihen musste oder gewinnbringend verleihen wollte. Und dieser Kerbstock hat sich im Alpenraum beim Karteln noch bis ins 20. Jahrhundert erhalten, konnte man mit seiner Hilfe nachlesen, wer beim Grasobern, beim Wattn und beim Ramsch eine offene Rechnung hatte.

Ab dem 12. Jahrhundert dann übernahmen schließlich die Kinder Messer und Hölzl und verbanden den alten Schuldbrauch mit den guten Taten im Advent. Von den Eltern kannten sie diese Form des einfachen Wirtschaftsbuchs und kopierten es. Den Eltern wiederum gefiel der pädagogische Mehrwert der (vor-)schriftlich fixierten »Naughty-or-nice-Liste« in Holz.

Auf Darstellungen ist kindlich herzlich zu lesen: »Monika tat ein gutes Werk …« Darauf

Monika und Hubert haben anscheinend alles richtig gemacht.

folgt eine Vielzahl von Stricherln. Alfons und Hubert müssen schon beide Seiten benutzen, um genügend Platz für ihre Wohltaten zu haben. Vaterunser werden brav abgezählt. Und beim Kirchlichen traut sich sowieso keiner zu betrügen. Gute Taten sind da freilich weiter auslegbar.

Später ging es rückwärts. Bei Strichkalendern wurde jeden Tag ein vorher aufgetragener Kreidestrich an der Schrankinnenwand säuberlich mit Spucke weggewischt und jeder, der einigermaßen in den Grundrechenarten beschlagen war, konnte die Zeit bis Weihnachten ablesen. Herrlich beschreibt Pater Rupert Mayer diese Szene bei sich daheim in den 1880er-Jahren: »In Gegenwart von klein und groß durfte jeden Abend eines der Geschwister in bestimmter Reihenfolge einen Strich auslöschen. Jeden Abend nahm die Spannung zu. So ging das bis zum 24. Dezember. Welche Freude, wenn nur noch ein Strich da war!« Noch schöner und lieblicher sind die Himmelsleitern, bei denen das Christkindl jeden Tag ein Trepperl aus dem Himmel herabsteigt. Aus Papier oder Laubholz geformt standen diese noch bis ins 20. Jahrhundert in der Kinderstube.

Aus meiner Kinderstube kenne ich noch den gebackenen Adventskalender. An einem Kranz hingen, mit roten Schnürln festgebunden, für uns drei Kinder 25 Platzerl. Jeden Tag durfte eines gegessen werden und war der Kranz leer, das Kind satt, dann gab es das Weihnachtsessen. So gut aber hätten uns die recht harten und trockenen Platzerl ab dem 10. Dezember gar nimmer geschmeckt, erzählt zumindest meine Mama Gabi. Außerdem ging es im November zur Sparkasse Partenkirchen, denn da gab es immer die schönen Bilderkalender, wenn man brav gefragt hat.

Da steigt es herab aus der geöffneten Himmelspforte, das Christkind, auf 24 Stufen. Und der Heilige Abend rückt immer näher …

Diese klassische und noch immer am häufigsten verbreitete Form, die Tage bis Weihnachten zu zählen, geht auf den Münchner Verleger Gerhard Lang zu Beginn des 20. Jahrhunderts zurück. »Aha, ein Münchner!« Mit dem können sie – frei nach dem »Münchner im Himmel« – da droben sehr wohl etwas anfangen, hat er doch mit seinem Erstkalender »Im Lande des Christkinds« samt Verslein und Bildern eine Tradition begründet, die weltweit bekannt und hochgeachtet ist. Für seinen Verlag war es zudem ein massiver Erfolg. Über 30 Kalender in jeglicher Form produzierte er und brachte damit Freude und eine besonders schöne Art der Zeitmessung in unzählige Haushalte. Und um 1920 steckte er die erste Schokolade in Christkindlhäuser. Die seither verbreiteten Fensterchen zum täglichen Öffnen gehen teils auf religiöse Adventshäuser zurück, die aufgestellt wurden und christliche Motive hinter den Papierfensterchen zeigten.

Und heute? Tee, Bier, Schnaps, Schnapspralinen, Badeartikel, Erotikspielzeug, Kristalle, Playmobilmanschgerl und Modeschmuck. Der industriellen Befüllung säkularer Adventskalender bieten weder Kommerz noch guter Geschmack Grenzen. Doch bastelt nicht noch immer so manches Kind für Mama und Papa einen Gutscheinkalender samt Billett fürs Abtrocknen und Schneeräumen? Da ist doch der Weg zur Notierung auf dem Kerbholz nimmer weit, damit sich die Eltern doch bitte an Weihnachten auch an die guten Taten erinnern mögen. Und ein Adventskalender in Buchform ist übrigens eine neue und wunderschön nostalgische Form zugleich, um das Warten zu versüßen, nicht wahr?

Noch eine spannende Variante der adventlichen Zeitmessung samt Christbaumzeiger: »Weihnachtsuhr für Kinder«, 1902

Hör genau, woher der / die Liebste kommt! Losnächte und Orakelbräuche im Advent

Loas amoi!«, sagte meine Großmutter Marille gerne im Advent, wenn ich wieder einmal nicht hören wollte. Wer aber zuhört und genau hinhört, also »loast«, der kann sogar für seine Zukunft das richtige »Los erlauschen«. Gerade im Advent! Erst recht in besonderen Nächten empfiehlt sich nicht nur das Zuhören, sondern auch das »Lösseln«, also die Zukunft zu »erlosen«. Das bedeutet, das eigene Los zu erkennen und vielleicht sogar das Schicksal zu beeinflussen. Die zentralen Nächte dafür sind vor dem hochheiligen Andreastag am 30. November (und dazu mein Namenstag), an Barbara (4. Dezember), Jodokus (nicht Quak, sondern der heilige bretonische Prinz, der am 12. Dezember Namenstag feiert), Thomas (21. Dezember) und Heilig Abend (24. Dezember). Meine Oma sprach dabei spätes, überliefertes Althochdeutsch, denn »lozen« bedeutet schlichtweg »zuhören«. Und was will man bei diesen Orakelnächten denn nun hören? Um Glück geht es per se und um Liebesglück im Besonderen.

Ausnehmend schöne Bräuche für die Liebeshändel hat der ehemalige Bezirksheimatpfleger für Oberbayern und BR-Redakteur Paul Ernst Rattelmüller gesammelt. Wenn Sie also auf der Suche nach der / dem Liebsten sind: obacht! Hier folgt die Anleitung zum Liebeslosshändel: In der längsten Nacht des Jahres, der Losnacht des heiligen Thomas, am 21. Dezember, solltest du Brennholz, Zettel und Papier, Hausschuhe, Nachthemd und einen Zwetschgenbaum parat legen. So geht's: Man werfe einen Pantoffel über die Schulter und aus der Richtung, in die die Fußspitze zeigt, kommt die neue Liebe.

Damenrunde beim gemeinsamen Erlöseln der (Liebes-)Zukunft: Holzstich über frühes Bleigießen von Franz Kollarz, 1884

Pommer'sches Pantoffelwerfen am Andreastag anno 1890

Ähnlich geht das auch bei Vorhandensein eines Zwetschgenbaums. Diesen soll man um Mitternacht im Nachthemd schütteln. Aus der Richtung, aus der man ein Hundebellen vernimmt, kommt – na? – richtig, die neue Liebe. Ist beides nicht zur Hand, kann man in ein Ofenrohr oder in einen Brunnen hineinhorchen. Die Gefahr, dass man dabei dreckig und oder nass wird, besteht. Darum ist die Reihenfolge wichtig. Aber bitte etwas Einsatz, schließlich geht es um die Liebe! Ob diese jedoch kommt, entscheidet sich dann beim Brennholzholen. Einen Arm voll Scheiter ins Haus tragen und dann paarweise abzählen. Bleibt ein Holzstück übrig, bleibst du das nächste Jahr allein. Sorry! Kann man sich dagegen der Verehrer gar nicht erwehren, dann einfach alle Namen auf Zettel notieren und diese ins Bett werfen. Danach wirfst du dich selbst zielsicher aufs selbige, sodass alle Zettel vom Nachtlager davonhuschen. Der oder die Übriggebliebene (unter dem Kopfkissen) ist demnach der oder die Auserwählte. Versprochen!

Dazu hat Albert Bichler den passenden Vers überliefert. Aufgemerkt:

»Bettstatt, i tritt di,
Heiliger Thomas, i bitt di,
lass mir erscheinen
den Herzallerliebsten meinen.«

In manchen Varianten soll man übrigens alle Übungen nackig verrichten, da es ja um nachfolgende Körperlichkeit geht. Achte auf blickdichte Gärten oder sei einfach nicht so gschamig. Bist du es doch, dann ab in die Backstube, denn für die verliebten Naschkatzen bieten sich Kletzenbrote als amouröse Nachrichtenbringer an. Leichter ist das aber auch nicht. Neun verschiedene Sorten versprechen den Traualtar, weil der Erschaffer bei dieser verführerischen Backleidenschaft freilich unwiderstehlich ist. Aber alle neune müssen den richtigen Anschnitt bieten: Ist dieser rau, wird es nichts mit der großen Liebe, ist er allerdings glatt, läuft es mit der Partnerwahl ebenso. Mal eine andere Form der *Rauh*nacht, die im besten Falle eine *Glatt*nacht wird.

Und nun der Wetterbericht: Es war üblich, im Vorausblick auf die Witterung des kommenden Jahres am Christabend zwölf hohle Zwiebelschalen aufzustellen. Diese versah man mit den einzelnen Monatsnamen. In jede Zwiebel gab man ein bisschen Salz, das den Zwiebeln Wasser entzog. Je nachdem, wie viel Wasser aus der Zwiebel geflossen war, konnte man ablesen, ob der Monat im kommenden Jahr regenreich oder trocken sein würde. Geweint wurde an Heiligabend ohnehin.

Und wenn wir ehrlich sind, benehmen wir uns doch heute nicht weniger abergläubisch. Spätestens an Silvester, einer weiteren Losnacht, wurde bis 2018 mit Inbrunst Blei gegossen, um aus den kryptischen Klumpen ein Herz oder einen Liebespfeil herauszulesen. Seit der neuen EU-Verordnung wurden wir zwar insofern gescheiter, da Blei hochdosiert bekanntlich dumm macht, jedoch nicht klüger, da wir den Brauch nun mit Wachs und noch mehr Schwierigkeiten beim Formen und Erraten wiederholen.

Vielleicht sollten wir lieber auf die Tiere hören. Ja, richtig gehört, denn diese können in Orakelnächten sprechen, sodass wir sie verstehen. Das weiß BR-Redakteurin Regina Fanderl, die in Kreuth recherchierte und noch 2019 beim Gschwandler Hias, vulgo Matthias Stadler, den Brauch fand, die Ochsen an Heiligabend mit

Trautes Bleigießen samt Luftschlangen und Anleitung an Silvester 1979

Bier und Erdäpfeln besonders zu verwöhnen. Und redselig zu machen! Zudem werden sie getätschelt und angesprochen. In jener Nacht aber darf man von Ochs und Esel eine tatsächliche Antwort erwarten, denn dem Brauch gemäß verrät das Viech in dieser Nacht, wer im Haus als Nächstes das Zeitliche segnen wird. Aber will man das von seinem eigenen Ochsen überhaupt wissen? Und das auch noch an Weihnachten?

Matthias Stadler wurde von seinem Papa als Kind mit in den Stall genommen. »Heasd as ned? De redn mit uns«, hat der Vater gesagt, doch der Bub konnte beim besten Willen nicht verstehen, was das Viech da sprach, da es anscheinend nur mit Erwachsenen redete. Nun bringt er seinen eigenen vierjährigen Buben Benedikt mit in den Stall und nun kann nur mehr er selber die Tiere reden hören. So geht das. Doch den Brauch hält er damit am Leben. Darüber freut sich auch der 900 Kilo schwere Ochsenhüne Schneckerl. Denn wenn es Vieh und Herrn gut geht, muss man im Folgejahr im besten Fall gar keinen Todesfall beklagen. Dann bleibt der Ochs stumm, der Hund bellt dafür und wir hören zu und wissen, woher die Liebe kommt in diesen magischen Löselnächten. Recht hatte freilich – wie immer – meine Oma Marille. Ums Hinhören und Zuhören geht es. Dann passt es auch mit der Zukunft.

Kinder- und Erwachsenenglaube liegen nicht nur beim Löseln, sondern im ganzen Advent eng beieinander.

Eine Heilige mit grünem Daumen und schrecklichem Schicksal: Barbara und ihre Zweige

Das Kreuz mit den Märtyrern ist ja freilich, dass sie tot sein müssen, um verehrt zu werden. Bei der Barbara aus Nikomedia, dem heutigen Izmit (Türkei), war es anno dazumal im dritten Jahrhundert besonders grausam. Schließlich köpfte ihr Vater Dioscuros sie persönlich, weil ihm ihr christlicher Glaube missfiel. Dafür folgte postwendend der strafende Blitzstrahl aus dem Himmel, um ihn zu richten. Barbara war daraufhin zwar tot, aber heilig, und entwickelte sich schnell zu einer besonderen Fürsprecherin und eine der 14 Nothelfer im katholischen Glauben. Nicht nur Tunnelgräbern und Feuerwehrleuten steht sie bei, auch in der Adventszeit wird ihr eine besondere Bedeutung zugemessen. Denn als Bauernheilige wird sie mit den Barbarazweigen verehrt. Diese bricht man (bloß ned schneiden!) am 4. Dezember, stellt sie ins warme Wasser und an Heiligabend damit sie austreiben und Blütenpracht in die kalte Jahreszeit tragen, was natürlich (Liebes-)Glück und Segen fürs neue Jahr bedeutet. Als Bauern- und Wetterregel dem Volksmund gemäß kann Barbara aber auch weiß kleiden: »Wenn Barbara im Grünen geht, geht's Christkind im Schnee«. Das wär doch amal wieder schön!

Gemäß der Sage geht dieser Brauch auf Barbaras Gefangenschaft zurück. Bevor der dreiste Papa nämlich zum Schwert griff, sperrte er seine Tochter in einen Turm, um ihren Glauben mürbe zu machen. Freilich gelang ihm das nicht, doch während des Einkerkerungsvorgangs verfing sich in ihrem Kleidersaum der Ast eines Obstbäumchens. Selbigen stellte sie ins Wasser, um das triste Gemach aufzuhübschen, und prompt schlug dieser nach ein paar Wochen Blüten.

Heute erinnern wir uns daran, wenn Apfel-, Flieder- oder Kirschäste gebrochen und bitte tunlichst nicht geschnitten werden. Bei sorgsamer Pflege und einer Prise Pflanzenquell oder Traubenzucker sollten sie nach vier Wochen rechtzeitig zu Heiligabend treiben. Sie müssen dabei nicht die ganze Zeit wie Barbara im Turm oder wahlweise in der Stube verweilen. So weit soll das Märtyrerinnengedenken dann doch nicht gehen.

Die heilige Barbara im Grünen. Gemälde von Lucas Cranach dem Älteren, 1530

Statue der heiligen Barbara in der Wallfahrtskirche Maria Schnee, eine der bedeutendsten Wallfahrtskirchen Mittelschwabens

Weitaus finsterer geht es beim traditionellen Bärbeletreiben etwa im Oberallgäu zu, worüber wir aber im Krampuskapitel (morgiger Tag) Genaueres erzählen. Dieses mischt Frau Perchta mit der heiligen Barbara und macht aus der keuschen Heiligen eine unsittsame, möglichst unverheiratete Hexenfurie als feministisches Pendant zu den Macho-Perchten. Sie treiben es ebenso wild bei ihren mit Besen und Weidenruten bewaffneten Gaudiläufen durch die Gemeinden Sonthofen, Rieden oder Hinang. Damit wird dann zwar durch keinen Blütenspross Glück herbeigezogen, dafür durch Lärm und Grusel das Unglück vertrieben. Je nach Charakter, ob Optimistin oder Pessimistin, mag jede ihre Variante von Brauch und Lebenseinstellung wählen. Josef Guggenmos, der Allgäuer Lyriker und Kinderbuchautor, dichtete Barbara zu Ehren:

Weit weg von einer Heiligen: die wahrscheinlich älteste Darstellung der Frau Perchta, 1486

»Geh ich in den Garten am Barbaratag,
geh zum kahlen Kirschbaum und sag:
›Kurz ist der Tag, grau ist die Zeit.
Der Winter beginnt. Der Frühling ist weit.
Doch in drei Wochen, da wird es geschehen:
Wir feiern ein Fest wie der Frühling so schön.
Baum, einen Zweig gib du mir von dir!
Ist er auch kahl, ich nehm' ihn mit mir.
Und er wird blühen in seliger Pracht
mitten im Winter in der Heiligen Nacht.‹«

Bereits in der Barbaranacht findet deshalb in Neumarkt in der Oberpfalz ein glockenhelles Spektakel statt. In Erinnerung an die wundersame Errettung dreier Dorfadelsmädchen, die eine um 1500 in Nürnberg gegossene Barbaraglocke spendeten, läuten sie diese im Münster Sankt Johannes just zur Mitternacht. Dieser Erinnerungsweckruf dauert eine volle Stunde, in der die Damen des Katholischen Frauenbundes andächtig die Kirche umrunden und sie danach für eine Messe zur Geisterstunde betreten. Bereits davor wurde sich dafür bei der Barbarafeier im Bürgerhaus aufgewärmt. Wenn dann die Barbaraglocke ertönt, erinnern sich die Damen an die adeligen Stifterinnen. Diese fanden nämlich des Nachts die Kirche in der Finsternis, beteten und hörten eine zauberhafte Glocke, die ihnen den Weg in die Sicherheit geleitete. Darauf stifteten sie eine echte, die künftig zur Winterszeit des Nachts einem jeden Verirrten Geleit und Geläut geben soll. Darum erklingt sie einmal im Jahr zur Mitternacht. Und darum ist die Barbara klar eine Nothelferin, auch wenn ihr selbst in ihrer Not niemand helfen durfte, »sinscht waar se koa Heilige worn«. Frei nach Ludwig Thoma gedenken wir so einer starken Frau mit festem Glauben und glücklichem Händchen. Der Märtyrerin mit dem grünen Daumen sei Dank.

Perchten, Klausen, Kramperl, Bärbelen und Nussmärtel: Wenn der Advent schaurig grauslig schön wird.

Nicht immer geht es in der Vorweihnachtszeit beschaulich, staad und gemütlich zu! Eine gruselige Seite hat der Advent in vielerlei Regionen im Bayerischen und im ganzen Alpenraum. Im Allgäu rasseln männliche Hornträger und Zottelviecher als Klausen mit den Ketten, hexende Bärbelen folgen ihnen durch die Nacht. Mit Besen und Schellen vertreiben sie Wintergeister, solange sie – wie in Sonthofen – noch zur unverheirateten Dorfjugend zählen und diese weitere Freinacht gscheid genießen wollen. »Wenn der Klausentag vorbei ist, kann's Weihnachten werden«, sagen sie in Oberstdorf. Doch im Fränkischen sind sie da schneller. Schon im November erscheinen die freundlicheren Nussmärtel im mittelfränkischen Wassertrüdingen, samt Pelz, Bart und Maske. Diese verteilen Nüsse und Mandarinen an die braven Kinder, weil man im evangelischen Franken den Nikolaus halt so gar nicht schätzt. Dafür kommt man dem auch fast einen Monat zuvor. Die Nussmärtel oder Waudel belohnen aber nur brave, Verserl aufsagende Kinder, wie die Historikerin Petra Kiehl erzählt, die als Kind gehörigen Respekt vor den wilden Gesellen hatte. Als nimmer- und damit immeralter Waldkauz kassiert der Nuss-Martin dem katholischen Sankt den Heiligenschein und erinnert mit seinem ruppigen Rauschebart nur mehr sehr entfernt an den römisch-katholischen Bischof. Eher orientieren sich die Nussmärtel an der germanischen Sagenwelt rund um das Wilde Heer, das in den Rauhnächten über den Himmel tobt.

Die wilden »Trüdinger Nussmärtel« fallen auf den Marktplatz der Hesselbergstadt ein.

Darauf beziehen sich auch die Perchten, die beispielsweise in Waging am See im Rupertiwinkel ihr Unwesen treiben. Die Gefolgsleute der Frau B(P)ercht (siehe S. 29) tragen dunkle Schaffelle, wahrlich grausige Holzmasken mit langen Zähnen und vielerlei Hörnern – Fratzen, die als schwarze Pädagogik so richtig Angst machen.

Mittlerweile zählen auch Hexen zu den Waginger Stoaperchten, die als Verein den Brauch wieder aufleben lassen und nicht nur böse sein wollen. Aber nur wer sich fürchtet, ist brav und bleibt es auch bis vielleicht hinein ins neue Jahr. Und Dämonen verjagt man nun einmal auch nicht, ohne ihnen gehörig Angst einzujagen.

Respektabel ist das Gewicht der Verkleidung. Denn die Krampuse tragen nicht nur die Verantwortung, die Bevölkerung und Kinderschar nicht zu sehr zu verschrecken, sondern gerne auch bis zu 20 Kilogramm Horn, Fell und Maske. Kulturwissenschaftlerin Petra Hirscher hat genau errechnet, wie schwer »Häs« (Fellkostüm) und »Klöüsegrind« zusammengenommen werden. Da gerät das Kindererschrecken gleichzeitig zum vorweihnachtlichen Work-out vor Lebkuchen- und Stollenbelohnung, wobei echte Sportperchten wohl achtsam eher zu Birnen und Nüssen greifen. Christian Aicher aus Waging rät seinen Vereinsmitgliedern, bereits im Herbst die Laufschuhe herauszuholen, um sich fürs erste Adventswochenende im Chiemgau fit zu machen. Der gestählte Körper wiederum wird bisweilen sogar zur präpotenten Allgäuer Brautschau verwendet. Gerade die Oberstdorfer Klausen wollen doch mit dem Schellengeläut und dem finsteren Balztanz die Damen beeindrucken. Dass dies nicht sinnvoll ist, bei Vollmaskierung und fürchterlich vorzeitigem Gebrüll, davon weiß leider auch die Polizei ein Lied zu singen, die vorsorglich zwecks potenzieller Übergriffigkeit vor Ort sein muss, wenn es zum »Wilden Klausentreiben« rund um Nikolaus kommt. Zur Selbstbeschränkung hat übrigens mit einem genauen Regularium zu Größe und Härte der Rute sowie zum Verhaltenskodex gegenüber den armen Zuschauerseelen der 1976 gegründete Klausenverein Sonthofen selbst beigetragen. Warum darin festgehalten wird, dass nur »deutsche Staatsbürger« zu den Dämonen gehören dürfen und die Damen auf »kitschige Accessoires« verzichten müssen, bleibt dagegen offen.

Die Berchtesgadener Kramperl sind freundlicher, nämlich eine Bass voll buttender Mandl. Wie bitte? Ganz einfach. Es ist eine Gruppe (»Bass«) von scheppernden (butten) Junggesellen (Mandl), die je nach Gemeinde an einem Adventssonntag oder gar am Heiligen Abend im selbst geernteten und ausgedroschenen Strohornat Nikolo und Nikolausweibl begleiten. Wenig gegendert ist auch Frau Nikolaus ein verkleideter Bua. Sie kommen nur eingeladen und überraschen niemanden als ungebetener strohener Gast. Und das belegtermaßen seit 1642.

Eines haben sie alle gemeinsam, diese Perchten und Kramperl, die Bärbelen und Buttn. Sie bilden den dunklen, schwarzen Gegenpol zu den Lichtgestalten des Advents, zu Nikolaus und Christkindl. Denn ohne Hölle kein Paradies. So kann die heilige Barbara (siehe 4. Dezember) schnell zur finsteren Bärbel werden.

Aber arten diese Kramperlläufe nicht zum Halloween-Advents-Event aus? Geht es dabei nicht nur um Alkohol, zweifelhaftes Benehmen und Angst?

Nicht in Waging, denn hier hat man ein Konzept und pädagogisches Fingerspitzengefühl. Alle Jahre findet vor dem Lauf ein öffentliches Umkleiden in der Turnhalle statt. Dort wird den Kindern erklärt, dass es ganz normale Frauen und Männer sind, die sich da lediglich verkleiden. Und auch dabei dürfen die Kleinen zuschauen. Das nimmt Angst und erhöht die Spannung auf die spätere Begegnung mit den Unholden. Da gibt es zwar dann immer noch ein paar Tränen, wenn sie gar so laut mit den Schellen läuten, die Zähne blecken und die Fratzen tanzen. Dann aber nimmt der Percht Abstand, geht in die Knie und wendet sich einem Mutigeren zu.

Grad schön, das Fürchten und Gruseln: Perchtenlauf in Waging am See

Klausenläufer vom Klausenverein Sonthofen im Allgäu

Ein Traum in Stroh und Maske: die Berchtesgadener Buttnmandl, 2018

Das schlimmste Necken ist hier, dass eine Mütze kurzzeitig im Klappmaul landet, was für großes Aufsehen sorgt. Wer sich traut, darf dann das Wolpertingermonstrum gar streicheln und ist bis ins neue Jahr stolz, seine Angst im Angesicht des grausligen Kramperls besiegt zu haben. Dies tun auch Erwachsene in Zusammenarbeit mit der VHS Traunstein, die mit den Stoaperchten Angstbewältigungsseminare anbieten. Das nenn ich einmal adventlich-psychologisch-sinnvolles Vorgehen. Wird man aber selbst Percht, verfliegt die Angst besonders schnell. Bereits ab zwölf Jahren dürfen Waginger Kinder Perchten werden – Taferlbua oder -madl mitgerechnet. Und die jüngste Hexe in der aktiven Bass ist gerade 13 Jahre alt, während deren ältestes Mitglied Christians Papa Alfred mit 60 Jahren darstellt. Die Altersgrenze erklärt sich ganz praktisch mit der Größe des Perchten. Nicht nur soll er sein schweres Kostüm tragen können, sondern bitte auch nicht von seinen Kollegen aus der Bass übersehen werden, die schon manches Mal bei eingeschränktem Sichtfeld über einen Kindkollegen gestolpert sind. Es braucht also ein bisserl Gefühl beim Erschrecken und das haben sie in Waging, weswegen sie die großen Massenläufe meiden, aber gut gebucht bis Weihnachten auf Christkindlmarkt-Tournee gehen. Dann gehört die Streckenbegehung wie beim Abfahrtslauf dazu, danach ein ziviler Umtrunk am Glühweinstandl und dann wird gelaufen. Stolz ist man, zu den lautesten Perchtenbassen zu gehören. Dafür wird einiger Aufwand betrieben.

Zwischen 500 und 1000 Euro muss man für Kostüm und vor allem für die kunstvolle Maske hinlegen, um sich in einen echten Stoaperchten zu verwandeln. Einen Kärntner Schnitzer haben die Waginger um Aicher extra ausfindig gemacht, der ihnen die Höllenfratzen mit Wonne frisiert. Und dann ist da noch der sportliche Aspekt bei 20 Kilo Equipment und Sparifankerlhupfern. Diesen hat der Kika-Moderator und Kinderliebling Checker Julian ordentlich unterschätzt, als er für eine Reportage 2019 die Waginger besuchte. Ganz schön gerädert war der Fernsehmann nach seinem Training mit den Perchten, das Christian Aicher auch als »Laufradfahren in der Sauna« beschreibt. Er selbst ist Bergretter und Gesundheitsinspektor, also durchaus sportiv und medizinisch gebildet. Steht er dann im Schäberkreis beim Lärm machen inmitten seiner Perchten beim Lauf in Simbach, Burghausen, Pfaffing oder Wasserburg, dann ist er selig und beweist, dass auch die grausligsten Momente des Advents eine traditionsreiche und gar ned amal so gruselige, weil gscheid durchdachte Seite haben.

So macht man das richtig: Krampuslauf mit pädagogischem Mehrwert beim StoaPerchten e. V., Waging am See

Noch lacht er, der mutige junge Mann, im Angesicht des Schreckens.

ENNA

Aus dem Leben des heiligen Nikolaus: Ein Insiderbericht

Am Nikolaustag aber schweigt dann das Geisterheer still und es wird heller und freundlicher beim Erscheinen des heiligen Bischofs samt Gabensack und goldenem Buch, der bereits seit 1659 als barocker Abfrager Heim und Schule besucht, im Passauer Land mit über 30 Kirchenweihungen bedacht wird, der lobt und tadelt und bis heute nicht nur in jeden Kindergarten gehört.

Über viele Jahre hinweg durfte ich selbst die Position des heiligen Nikolaus rund um den 6. Dezember übernehmen. Ich spreche hier bewusst nicht von einer Rolle und freilich nicht von einer Figur, da diese Begriffe dem Amt und der Bedeutung des Nikolaus nicht gerecht würden. Dass ich keinen Weihnachtsmann darstellte, erklärt sich von selbst. Bischofsmütze, Gewand, Stab und Buch verleihen dem Nikolaus eine besondere Autorität und sie erzeugen leuchtende Kinderaugen. Für sie erscheint da kein Bischof und kein Heiliger, sondern der vorweihnachtliche Wundermann in persona. Die Verantwortung, die man dabei trägt, ist genauso wenig zu unterschätzen wie der Zeigefinger, den man auf Wunsch vieler Eltern und Erzieher heben soll und den der Nikolaus dosiert und bewusst einsetzt. Dafür wird er mit respektvoll aufschauenden und zuhörenden Kindern belohnt. Und mit dem Glauben. Wenn Kinder an dich als Nikolaus glauben, dann spielst du nichts, dann musst du diese Position mit Verantwortung füllen, damit der Glaube in dich besteht. Übrigens auch der von den Erwachsenen.

Über Jahre hinweg durfte ich diese schöne und wichtige Position im Kindergarten in Partenkirchen einnehmen. Mein älterer Vorgänger fühlte sich nicht mehr sicher genug auf den Füßen, das Lesen aus dem goldenen Buch bereitete ihm Mühe und das Wuseln von 20 Vierjährigen, die das Kommen des heiligen Mannes gar nicht erwarten können, strengte ihn immer mehr an. Er wollte deshalb den Stab an einen jüngeren Nachfolger übergeben. Im ersten Jahr aber traten wir gemeinsam an, damit ich eingewiesen und angeleitet werden konnte. Dabei musste tunlichst vermieden werden, dass wir zusammen im Kindergarten gesehen werden, schon gar nicht in Bischofsrobe, hätte doch der Anblick eines

Der heilige Nikolaus von Myra in einer romantisierenden Darstellung aus dem 19. Jahrhundert

doppelten Nikolaus so einen kleinen Steppke mehr als verwirrt. Schließlich gibt es ja schon eine dermaßene Überzahl von Nikoläusen und Weihnachtsmännern im Fernsehen, im Kaufhaus, daheim und überall! All diesen Männern müssen sich die Kleinen trotz ihres geringen Alters entgegenstellen.

Aus meiner Kindheit wusste ich noch, dass die Unterschiede bei Handschuhen, Ringen, bei der Bischofsmütze, dem Stab, dem Sack mich zunächst verwirrten und mich später zu detektivischen Überlegungen verleiteten, die bald darauf zu einer traurigen, jedoch obligatorischen Erkenntnis des Falles führen sollten. Das wollten wir als Nikoläuse im Kindergarten tunlichst vermeiden. Wir teilten uns also die Stockwerke auf. Der erfahrene Nikolaus ging zu den ganz Kleinen, den Zwergen aus der Kindertagesstätte, denen der große, mächtige Nikolaus noch nicht persönlich begegnen darf, hatten sie doch vor Bart und Mantel und Stab und vor allem vor der sonoren, tiefen Stimme meines Lehrmeisters zu viel Respekt. Und kein Nikolaus wünscht sich den Anblick von gut einem Dutzend weinender Kleinstkinder, denen er doch nur etwas Gutes bescheren will. Deswegen ging hier der Nikolaus nur gemessenen Schrittes an der geöffneten Zimmertür vorbei. So konnten sie ihn im Gehen erahnen und hinausspitzen, fürchteten sich aber nicht. Er ließ dabei einen Gabensack stehen, den die vertrauten Fräuleins dann mit den Kleinsten gemeinsam öffneten.

Hier zieht der heilige Mann selbst: Bischofsnikolaus. Ansichtskarte 1930

Mir wurde von der Kindergartenleiterin zunächst meine Robe – nicht mein Kostüm! – angelegt. Als Leihgabe der Klosterbrüder von Ettal durfte ich in ein helles Messgewand steigen sowie einen ordentlich gebügelten roten und mit goldenen Borten eingesäumten Mantel überstreifen, bevor es an Bart und Brille ging. Das kritische Lächeln der Leiterin Frau Meier aber verzögerte die endgültige Verwandlung. »Na, so a Krisperl derf da Nikolaus ned sein. Du bist zu mager für an heiligen Mo.« Prompt wanderten zwei mit Stricken festgebundene Kissen unter das Messgewand, was mein gütig grinsender Vorgänger nicht benötigte. Mit dem Gürtel über der Robe, an dem zwei Kordeln baumelten, entstand so ein prächtiger Bauch. Unter den vielen Schichten wurde es bereits empfindlich wärmer. Dies sollte nicht besser werden, als die silbergraue Haarpracht meinen Kopf bedeckte und der lange Rauschebart angelegt wurde. Damit nichts verrutschte oder sich verzog, wurde alles mit der hohen Bischofsmütze und einer goldenen, aber glaslosen Brille zusammengehalten und dank mehrerer Gummibänder fixiert. Jetzt war es so richtig warm im Inneren des Heiligen und ich schwitzte wie in einem Glühweintopf.

Nichtsdestotrotz kamen nun noch die weißen Handschuhe mit den breiten Bischofsringen, die so schön funkeln, wenn man das goldene Buch aufschlägt. Über den Sinn der Handschuhe wurde ich sogleich von meinem Nikolauslehrer aufgeklärt: »De ghearn dazu. De miaßn sei. Aa wenn des Umbladdln damit ned leichter werd. Wennst aber den ersten Dutzel von so am kloana Madl oder am Buam griagst, der so richtig schee ogschnuilt ist, dann bist froh, dass d' Handschuh ohast.«

Er sollte recht behalten. Die Vielzahl an Schnullern, welche im Kindergarten dem Nikolaus mitgegeben wrden, weil die Kleinen ihm versprechen, dass sie den Schnuller jetzt nimmer brauchen, weil sie schon groß sind, ist beträchtlich. Der ein oder andere nimmt aber dann doch noch einen großen Abschiedszug vom Dutzel, bevor er ihn dem Nikolaus aushändigt, wodurch ein feuchter, saftig mit Kinderspeichel benetzter Plastikkörper in die behandschuhte Obhut des Nikolaus wandert. Da war ich dann doch ob der Handschuhe dankbar. Beim Umblättern aber tat ich mich genauso schwer wie mein Mentor.

Nach einem letzten Test und einigen Stimmübungen – mein Organ konnte ohne Verstellen nicht die satten Basstiefen meines Lehrers erreichen – marschierte ich in Begleitung meiner Führerin dann auch los ins erste Stockwerk. Mein Kompagnon, froh darüber, in Stiefeln und Robe nicht Treppen steigen zu müssen, wartete mit Bedacht hinter verschlossener Tür, bis wir außerhalb des Blickfeldes waren. Mit federnden Schritten und geduckt, um nicht mit der hohen Mitra gegen eine der erstaunlich vielen und niedrigen Türstöcke zu stoßen, trottete ich – im Blickfeld wegen Brille und Haarlocken eingeschränkt – los. Mit Zunge und Lippen versuchte ich dabei den Bart neu zu sortieren, der sich hauptsächlich in und nicht um meinen Mund ausbreitete. Ich schmeckte Kunsthaar und fürchtete, dass mein eigener, dunklerer Bart hervorschauen könnte. Ich schwitzte. Weniger aufgrund der zugegebenermaßen vorhandenen Nervosität, denn aufgrund von Kissen, Robe, Mantel und Bart samt Perücke.

Für Aufregung war keine Zeit, da die Chefkindergärtnerin bereits die vorbereiteten Seiten in mein Buch klemmte, den Sack parat zog und mich mit einem freundlichen Lächeln und gehobenem Daumen vor der Zimmertür der Froschgruppe stehen ließ. Ich schnaufte kurz durch. Dann war ich ein Heiliger. Wie ich es gelernt hatte, klopfte ich kräftig mit dem Stab dreimal auf den Boden, wodurch in dem erstaunlich leisen Raum Unruhe entstand. Die Tür öffnete sich und gerade noch rechtzeitig duckte ich mich unter dem erneut gefährlich niedrigen Türrahmen. Drinnen saßen bereits alle erwartungsfroh im Stuhlkreis. Man hatte sie darauf vorbereitet, dass es gleich so weit sein würde. »Ja, grüß Gott! Bin ich da richtig in der Froschgruppe?«

Der Autor mit gebotenem Respekt 1989 als Stabhalter des heiligen Nikolaus

Ein einhelliges, von manchen zaghaftes, von manchen mutiges »Ja« ertönte. Die Kindergärtnerinnen begrüßten mich und meine Amtspflicht begann. Ein Bub durfte den Bischofsstab halten. Mei, wie stolz war ich damals gewesen, als ich dem Nikolaus diesen Dienst erweisen durfte. Nun delegierte ich selbst diese tragende Aufgabe. Schnell lernte ich dabei, dass man den Kandidaten öfters wechseln sollte, wenn der Stab gefährlich zu schwanken beginnt und die Kräfte des Halters schwinden. Ich begrüßte die Kinder und erzählte von meinem Schlitten, mit dem ich über Graseck und die Wälder, wo ich für die Tiere etwas in der Futterkrippe ausgelegt hatte, heute nach Partenkirchen gekommen sei und nur brave Kinder vor mir sah. Sogleich musste ich klarstellen, dass der Schlitten von Rössern und nicht von Rentieren gezogen wurde, die es im Bayerischen gar nicht gibt. Schließlich war ich auch aus dem Reintal bei der Zugspitze und nicht vom Nordpol gekommen.

Nacheinander wurden die Kleinen aufgerufen und kamen mit eigentlich immer großen Augen nach vorn. Manchmal antworteten sie auf meine Fragen schüchtern mit leiser Stimme, manchmal selbstsicher. Selten musste geschimpft, oftmals der besagte Schnuller eingesammelt werden. Die Kinder sangen oder sagten Gedichte auf, viele überreichten Zeichnungen als kleine (Bestechungs-)Gaben, auf denen manchmal sogar der Nikolaus oder ein Tannenbaum zu erkennen waren. Ich blätterte mich mit einiger Anstrengung durch die Seiten, verteilte die Säckchen mit Nüssen, Mandarinen und Schokoladennikoläusen, hörte mir an, was aufgesagt und gesungen wurde und musste mich wieder verabschieden, weil ja noch so viele Kinder auf mich warteten.

Unscharf aus Zeiten vor dem Smartphone: Der Autor im Ornat

Zwei Momente blieben mir in den Jahren dabei besonders in Erinnerung. Eine kleine Vevi mit Zöpfen und im Festtagsdirndl, das sie am 6. Dezember unbedingt im Kindergarten tragen wollte, spielte mutig und solo für den Nikolaus auf der Ziehharmonika, die größer als das ganze Mädel zu sein schien, »Ihr Kinderlein kommet«, was die anderen andächtig beobachteten. Das Bild des kleinen, ernst musizierenden Mädleins bleibt mir ewig in Erinnerung. Sie wurde freilich besonders gelobt.

Ein anderes Mal steckte mir die Erzieherin, dass ein Mäderl aus der Türkei dem Nikolaus gerne ein Gedicht aufsagen würde. Ein schüchternes, großäugiges Kind mit dichtem dunklen Haar trat vorsichtig nach vorn. Sie war erst im September nach Deutschland gekommen, machte gerade einen Deutschkurs und wollte ihre Fortschritte dem Nikolaus präsentieren; ist doch dieser Bischof auch aus der Türkei, denn er war in Myra in Kleinasien als Geistlicher tätig, also in ihrer alten Heimat. In der neuen traf man sich nun wieder. Das Maderl sagte das Gedicht vom braven Mann mit sicherer und fester Stimme auf. Und als Nikolaus war ich dankbar über Brille, Bart und Haar, musste ich doch einige Rührung verbergen, als ich bedachte, dass es sich in diesem Moment nicht um einen katholischen Brauch, nicht nur um das Christentum drehte, sondern um ein Mädchen, das stolz seine Fortschritte dem fremden Gabenmann zeigte, vor dem es den gleichen Respekt wie alle Kinder hatte und das sich genauso über sein Säckchen und die lobenden Worte freute.

Mit schwerem Rücken, erhitztem Inneren, mit Bart im Mund und leicht schwankender Mitra absolvierte ich so die Hasengruppe, die Schwalben, die Füchse, die Dachse und viele anderen Tiergruppen und ärgerte mich, dass ich selbst früher nur in einer spröden »Gruppe 7« untergebracht gewesen war. Dazwischen gab es kurze Pausen, in denen mir von helfender Hand ein Schluck Tee gereicht wurde, der noch genauso dünn und kalt war wie zu meiner eigenen Kindergartenzeit.

»Da Nikolo bum bum …« Tanzender Schäfflerheiliger mit Gabengürtel in einer historischen Illustration

Mit dem Studium und der Arbeit in München ging das dann leider nicht mehr, weswegen ich selbst einen Nachfolger empfehlen musste. Umso mehr aber freute ich mich, als meine Münchner Agentur auch den Nikolaus ins Programm nahm. Unter veränderten Vorzeichen ging ich wieder in Amt und Würden; dieses Mal auf Wunsch sogar mit Krampus, den meine reizende Schauspielkollegin Mona mit der genau richtigen Mischung aus Wildheit und Zurückhaltung verkörperte.

In einer Pause schauten wir bei den über 80-jährigen Großeltern einer Freundin vorbei, die den Krampus Mona sehr glücklich stimmten, indem sie ihr versicherten, wie wild und wie schön sie ausschauen würde, mit dem Pelz und dem Fell, dem schwarzen Gesicht, der Kette und dem buschigen Schwanz. Sie wollten uns gar nimmer gehen lassen, hätten sie doch nie gedacht, dass in ihrem Alter noch einmal der Nikolaus, der ihnen so bekannt vorkam, vorbeischauen würde.

Unsere lange Tour endete damals lang nach dem Hereinbrechen der Dunkelheit in Weßling bei einer Familie am Stadtrand. Der Krampus musste diesmal im Auto warten. Im goldenen Buch war kein Tadel verzeichnet, nur ein schöner Satz, dass die Eltern so froh darüber seien, ihren kleinen Spatz zu haben und dieser so brav sei, dass der Nikolaus gar nicht zu schimpfen brauche und es für den Krampus erst recht keine Verwendung gäbe. So stand ich am Ende eines langen Tages im Kreise einer kleinen Familie, die für mich sang. Der kleine Schatz sagte ein Gedicht auf, bedankte sich artig und begleitete den Nikolaus noch zur Tür, wie man das halt macht, wenn man brav ist. Der Bub aber eilte zurück, weil er etwas vergessen hatte. Seinen Schnuller wollte er dem Nikolaus noch mitgeben, weil den brauche er jetzt nimmer, weil er ja schon groß sei. An diesem Tag aber und an diesem späten Abend trug ich als Nikolaus keine Handschuhe.

Vom Christbaum in der Tram, verlorenen Christkindln und Flöhen in der Krippe: Adventsgeschichten

Ist es nicht schön, dass wir im Advent alle wieder ein bisserl Kind sein dürfen? Um für die Kinder die Weihnachtszeit zu bereiten, da infantilisieren wir uns doch gleich wieder ein wenig mit. Den Kleinen wird vorgelesen, die Erwachsenen müssen selber lesen. Der Advent ist neben dem Licht und dem Warten halt auch die Zeit des Zuhörens und eben des Vorlesens.

Seit vielen Jahren darf ich an den unterschiedlichsten Orten Weihnachtslesungen veranstalten. Im verschneiten Klösterl am Walchensee zusammen mit einem Vokalensemble, in der Kirche Sankt Martin in Garmisch, in Wirtshäusern und Hotels im Oberland und auf Christkindlmärkten. Dabei fällt mir immer auf, dass die Menschen sich gerne besinnen, einfach nur lauschen, lachen und sinnieren.

Die Literatur besserer und mediokrer Adventsgeschichten ist breit gefächert. Meine Favoriten vom Klassiker bis zum Schmunzler, von Bayern bis nach Skandinavien, hab ich Ihnen als adventliche Leseliste mitgebracht.

Klassiker und Standardwerk bleibt freilich Ludwig Thomas »Heilige Nacht«. Wie im Krippenspiel und in der bayerischen Krippe wird hier die 2000 Jahre alte Geschichte der Geburt Christi aufs Volkstümliche heruntergebrochen, was bei universalen Geschichten gelingt. Deswegen erfahren wir, dass die Zimmerleid gern »a Bier mögn« und wie zentral es ist, dass das Jesuskind nach dem Halleluja (nicht zu verwechseln mit den Tiraden von Engel Aloisius Hingerl, dem Dienstmann Nummer 172, des gleichen Autors) »bloß Arme g'sehg'n hamm«. Sprachrhythmus, Versstruktur, Zärtlichkeit für das heilige Paar und Verächtlichkeit für egoistische Geizkrägen verbinden sich zu einem großen Ganzen.

Lustig geht es dabei nur an einigen Stellen zu. Darum haben sich andere Autoren verdient gemacht. Haben Sie jemals versucht, einen gut 3 Meter hohen Christbaum mit der Trambahn klimaneutral nach Hause zu bringen? Falls nicht, dann lesen sie vorher bei Herbert Schneider nach. Sein »Trambahnfahren mit Christbaum« beschreibt schneidig-rotzig das Chaos, das so ein weihnachtlicher Transporteur erzeugt: Strumpfhosen reißen, Rippen knacken, Leder leidet unter einer Harzimprägnierung und Packerl gehen zu Bruch. Um überhaupt an Bord zu kommen, muss der Protagonist den Baum als Rammbock einsetzen. Seine herrlichen, für den Münchner Dialekt so typischen Schimpfkanonaden, die sich verständlicherweise durch die anderen Fahrgäste einstellen, kann man nur im Original wiedergeben: »Schafwascha, Nasndralla, […], Waldaff, Kletzensepp [also gedörrter Birnenjosef].« Schneider wäre aber nicht Schneider, wenn er es beim Tohuwabohu beließe. Indem der Baumtransporteur einen Wahnsinnigen mimt, dreht sich die Stimmung in der vollbesetzten Tram. Auf einmal ist man höflich und nachsichtig. Der eben noch Beschimpfte darf aussteigen, auch wenn einige Fahrgäste wegen ihm und seiner Tanne erst am Ostfriedhof, anstatt am Ostbahnhof aussteigen können. Herrlich!

Selbst von Gerhard Polt hört man zur Weihnacht ungewohnt liebevolle, bisweilen sogar melancholische Töne, wenn er in »Schöne Bescherung« seinen »Kindkollege[n] Herbert K.« im »Taumel der Beschorenheit« den Reichtum an Präsenten auflisten lässt, während der (autobiografische?) Ich-Erzähler da aufgrund der elterlichen Armut nicht mithalten kann.

Bissiger geht es freilich bei Oskar Maria Graf zu. Seine Erzählung »Die Weihnachtsgans« beschreibt die unerhörte Begebenheit, dass da eine rohe Gans im Dreck vor dem Mietshaus liegt. Nach den gschnappigen Erkundigungen aller Hausbewohner stellt sich heraus, dass der Besitzer den Vogel aus Verzweiflung aus dem Fenster geworfen hat, da er schlichtweg keine Möglichkeit im ärmlichen Kammerl hat, das Geschenk der begüterten Schwester zuzubereiten. Am Ende erbarmt sich der ruachige Metzgermeister, kauft die Gans, lässt den Bratensaft an »seim Mei« (Mund) herabrinnen und beklagt sich dabei zynisch wie Oskar über die Armut der Menschen. Mit all den verschiedenen Stimmen der überspitzten Figuren – schwer zu rezitieren. Aber komisch und saftig.

Eine besondere Sammlung und schöne Zusammenstellung von Weihnachtsgeschichten liefert Günter Goepfert. Liebevoll komisch beschreibt darin der Münchner Schriftsteller Hanns Vogel »Wia's Christkindl von Atzlbach verschwunden is«. Ebenso liebevoll bereitet nämlich der Mesner Flori das Kripperl in besagter Dorfkirche und zollt sich darauf berechtigt »persönlich Beifall«. Doch dieser währt nicht lange, denn bereits beim nächsttägigen Engelamt hört er die enervierte Gemeinde zetern: »Kreuzbirnbaumhollerstaudn! Wo is as Christkindl hikemma?« Raub in der Kirche? Diebstahl von Jesus? Die Pfarrei tobt. »Aus solchen Stimmungen müssen Kreuzzüge ent-

Idyllische Erzählstunde auf einer Ansichtskarte von 1902 und 120 Jahre später dasselbe Spiel …

standen sein.« Man geht dem Sakrileg nach. Und heraus kommt, dass das fünfjährige Veverl das Jesuskind eingesteckt hat, um ihm eine Lodenkotzn zu schneidern, damit es nicht friert. Diese hat sie wiederum ungefragt vom Bürgermeister entwendet. Darum trägt in Atzlbach das Jesuslein eine lodene Windel. Liab.

Historisch interessant und rührend geht es bei dem Regensburger Sigfrid Färber zu. »Der Nikolaus bei den Hartl-Kindern« beschreibt, wie Schorschl und Anni am Nikolausabend 1946 allein daheim das Kommen des Gabenmannes erwarten, weil die Mutter so spät mit dem Abendzug aus der Arbeit zurückkehrt. Das Warten fällt ihnen schwer und plötzlich tritt da eine derhaute, gänzlich verlumpte bärtige Gestalt ein, die den Kindern dennoch wie der Nikolaus erscheint. Färber spielt eine gekonnte Pointe aus. Es ist ihr Vater, der da aus der Kriegsgefangenschaft heimkehrt und den Kindern als »Wundermann« erscheint. Erst als der Sohn den scheinbaren Nikolaus bittet, »[d]aß der Vater wieder aus dem Krieg heimkommt und die Mutter dann nimmer weint!«, da muss auch der Heimkehrer die Tränen zurückhalten. Dem Weihnachtszauber gemäß lässt er die Kinder im Glauben an den Nikolaus, verlässt das Haus nach der Übergabe wahrlich ärmlicher Geschenke und erst am nächsten Morgen offenbart er sich gewaschen und rasiert als Wunscherfüllung am Nikolaustag. Einfach schön.

Knapp und witzig lässt der in Bad Gastein geborene Karl Heinrich Waggerl die Tiere in die Krippe los. Der pedantische Engel Gabriel übersieht bei seinen letzten Vorbereitungen in der Krippe zu Bethlehem einen Floh. In Lebensgefahr flüchtet sich dieser ins Ohr des Jesuskindleins, das ihn freilich versteckt und dann davonspringen lässt. Dabei kitzelt er das Kind und Maria freut sich freundlich: »Ach, sieh doch […] es lächelt schon!« Bei Kindern und seit jeher in der Familie meiner Lektorin Dietlind Pedarnig sehr beliebt.

Während der Corona-Pandemie durften wir als »Werdenfelser Künstlerbündnis« die »Heilige Nacht« von Ludwig Thoma mit viel Aufwand als digitale Lesung, musikalisch begleitet von verschiedenen Volksmusikgruppen und -sängern, produzieren und kostenfrei im Netz für alle zur Verfügung stellen. Unter anderem lasen Schauspielerin Conny Glogger, die Bürgermeisterin von Garmisch-Partenkirchen Elisabeth Koch, Pfarrer Andreas Lackermeier und Kreisbäuerin Christine Singer sowie meine Wenigkeit. Es wurde ein wunderbarer Ersatz und ein stimmungsvoller Hoffnungsschimmer in diesem fassungslos machenden Jahr 2020. Ausschnitte finden sich auf www.youtube.de unter »Werdenfelser Weihnacht«.

Als Zugabe musste etwas gänzlich Unbayerisches, jedoch so Schönes her, dass beim Vorlesen Kinder wie Rentner zu Tränen gerührt waren. Astrid Lindgrens unsterbliches »Pelle zieht aus« beschreibt den Weihnachtsboykott des kleinen Pelle, der zu Unrecht von den Eltern gemaßregelt wird. Er zieht ins Gartenhütterl »Herzhausen« und will dort Weihnachten feiern, spielt »Ade, du mein lieb Heimatland« auf der Mundharmonika und schmollt. Die kluge und unbeschreiblich liebe Mama aber überredet ihn zurückzukehren, da die Eltern ohne ihren Pelle am Heiligen Abend nur weinen würden. Pelle verzeiht und rührt. Ein jedes Alter. Ein Muss zur Weihnacht!

War etwas Passendes dabei? Literatur finden Sie in jeder Buchhandlung zur Genüge. Lassen damit auch Sie sich einladen, sich vorlesen zu lassen, zu lesen und selbst allen Altersklassen vorzulesen oder zu einer adventlichen Lesung zu gehen. Da darf man wieder Kind sein, schmunzeln, gerührt sein und sich freuen. Und darauf kommt es doch an im Advent, oder?

Die Heilige Nacht in schwierigen Pandemiezeiten, Dezember 2020. Im Uhrzeigersinn beim Dreh in der Pfarrkirche Sankt Martin in Garmisch: Die Stamperlmusi vom Walchensee, die Schauspielerinnen Elisabeth Hofmeister und Conny Glogger, die Sängerin und Musikerin Angelika Funk

Im Uhrzeigersinn: Der Bläser Benno Köstler, Bürgermeisterin Elisabeth Koch, Andreas M. Bräu in Sankt Anton in Partenkirchen und Kreisbäuerin Christine Singer

zwar in die andere
mit der Glasur überz
Butter od. Marg. 12
g Zucker, 5
Stärke. 60
er od. Marg. 2
, 3/4 kg Mehl
g. Zucker
Bestreiche
mehl. 300g Zucker, 300g Butter, 300g
Kakao 1 Messersp.
6 Essl.
e 3 Essl. Kirschwasser, 125g
Backpulver, 250g Mandeln

Backrohr auf und Backrohr zua: Das Hohe Lied des Weihnachtsplatzerls

Ganz traurig lässt der ehemalige Bezirksheimatpfleger von Oberbayern Paul Ernst Rattelmüller eine Bäuerin berichten: Sie backe keine Platzerl mehr, denn sie würden nicht gegessen. Ihre Tante retourniert altbairisch trocken: »Back gscheidere, na fressn sie's scho!« Punktum. Wie das Platzerlbacken richtig geht, beschreibt Wilhelm Albert Liebl in »Man nehme«:

»Mutter, Vater, Tochter batz'ln
Anis-Laiberl, Butterplatz'ln.
Honig, Mandeln, Zitronat,
Sultaninen, Orangeat.
Haferflocken, Cocosfett,
alles kommt aufs Nudelbrett.

Feig'n und Kardamon für d'Print'n,
Nelken, Anis und Korinth'n,
Hirschhornsalz und dürrte Birn,
Haselnüss' no drunterrühr'n.
Backrohr auf und Backrohr zua
und scho kummt die nächste Fuhr.

Mandeln schäl'n und Streusel strahn,
Dotter pinseln, Fleischwolf drahn.
Von Haidhausen bis nach Solln,
riachts nach Zimtstern und nach Stoll'n.
Riachts nach Bethlehem und Stroh,
nach Frieden und nach Wunder scho'.«

Allein der Reim von Stolln auf Solln ist grandios. Liebl beschreibt die Teigbatzlerei samt Familienchaos und Massenmanufaktur wunderschön. Und wenn der Ofen zwischendurch ruht, wird die Nachhitze für das Dörren von Kletzen (Birnen) oder Hutzeln (Zwetschgen) genutzt.

Welches sind nun Ihre Favoriten? Klassische Butterplatzerl, Hausfreunde, Spitzbuben, Vanillekipferl oder vegane Kokosmakronen? Ich bin da ehrlich unentschlossen und mache es eher an Personen fest: Marisas Cantuccini, da Tante Grethi ihre Kipferl, da Mama ihre Kognaktaler und so weiter.

Dass wir uns bei den Plätzchen keinerlei Sorgen um Kalorien machen müssen, lehrt uns der Wiener Großhumorist Daniel Glattauer mit seiner Vanillekipferldiät: Minuziös führt er uns zunächst in die Aussprache (gerade im Österreichischen besteht man auf das »Wanügipfal«) und die Zutaten (eigentlich nur Butter und Zucker) ein. Dann aber beschreibt er die vielen von uns (oh ja, mir auch) bekannte heimliche Suche nach den versteckten Platzerln und dem immer wechselnden Ort der gut verborgenen Plätzchendosen. Der Stress, die Angst vor dem Erwischtwerden und der folgende Streit über das unerlaubte Naschwerkstiebitzen verbrennt dermaßen viele Kalorien, dass Sie auf einen hohen zweistelligen Betrag an Vanillekipferl kommen müssen, um überhaupt Ihr Gewicht zu halten! Da Sie aber nachts schlafen, nehmen Sie mit der Plätzchenkur ab. Probieren Sie es!

Vorsichtig, aber vorfreudig erfolgt hier engelsgleich der Platzerlzugriff.

Der medizinische Nutzen der Plätzchen ist ja schon lange bekannt. Paul und Richilde Werner haben in ihrer »Kulturgeschichte der bayerischen Weihnachtsbräuche« Belege für die Plätzchenpille bereits im Jahr 1514 gefunden: »Ein Zuckerledlin und ein Lebkuchen / den magstu des Morgens fru versuchen / er ist für die Gesundheit fast gut.« Aber eben nur fast gut. Gesünder ist da die Betätigung als Bäcker. Traditionell begann man damit an Mariä Empfängnis, am 8. Dezember. Das war ein Feiertag und damit war Zeit, den Herd anzuheizen. Wenn man denn einen hatte. Vor dem 19. Jahrhundert waren diese spärlich gesät und den Konditoren vorbehalten, die wiederum allein für die Oberschicht süßes kleines Konfekt prägten. Nur die Nürnberger konnten das mal wieder schon im Mittelalter. Dort wurden bereits 1487 »Bletzlein, worauf des Kaysers Bildnis gestanden« hat, an alle 4000 Nürnberger Kindl vor der Burg verschenkt. Gute Esser schaffen heutzutage knappe 4000 Plätzchen pro Saison allein, wenn auch nicht nur im Rahmen der Vanillekipferldiät.

Hieran erkennt man die Langlebigkeit und Veränderbarkeit kulinarischer Tradition. Während das Butterplatzerlrezept für die Kinder immer gleich bleibt, egal wie die Inflation den Butterpreis treibt, kommen Jahr für Jahr exotischere und ausgefallene Platzerlrezepte in die bunten Blätter der Hochglanzvorweihnachtszeitschriften. Durchsetzen können sich die wenigsten. 2019 gaben lediglich 4 Prozent der Deutschen zu, zur Backmischung zu greifen, während 22 Prozent auf das Familienrezept schworen. Ein gutes Drittel backte gar nicht, aß aber sicherlich bei den zwei Drittel Platzerlbäckern mit … Konnten oder wollten sie nicht zu Nudelholz, Förmchen und Mehlsieb greifen? Schließlich herrschen hier hohe Erwartungen aus Erinnerung an Oma und Mama und Tante und so fort. Denn »Gscheide« zu backen, gilt es. Dann werden sie sicher zwischen Solln und Nürnberg gegessen. Und was ist nun Ihr Favorit?

Höchstselbst gefertige und später selbst verzehrte Butterplatzerl

Die Mama des Autors beim Teigausrollen

Krapfen und Küchle raus! Klöpfeln und Klingeln für den guten Zweck

Vom Chiemgau bis ins Werdenfelser Land, von Windischeschenbach bis Berchtesgaden: Der Brauch hat viele Namen, viele Orte und eine lange Geschichte. Berchtngehn, Klopfagehn, Göller, Goldner, Glöckisingen. Gemeint ist immer das Klöpfeln. Als panbayerische Tradition ist es über Jahrhunderte in allen Regionen des heutigen Freistaates belegt, geht bis ins 15. Jahrhundert zurück und hat unzählige, teils hoch kriminelle, gewitzte und eigenartige Ausformungen. Ein echt bayerischer Brauch aus dem Bilderbuch also, der nicht nur im Ammergau noch recht lebendig ist.

Drei Donnerstage im Advent spielen hier die zentrale Rolle, denn in den sogenannten Gebnächten war es von alters her Brauch, dass die arme Bevölkerung von Haus zu Haus zog, sang und sich einige (kulinarische) Gaben erbat, um ihren Festtagstisch mit etwas Feinem aufzubessern. Arme Menschen gab es immer, wie damals bei der Herbergssuche zu Bethlehem. Und eine gewisse Freigebigkeit in der Adventszeit hat sich seither auch herausgebildet, vor allem wenn schön und gar dreistimmig gesungen wurde.

Für wen dreistimmig bedeutete, falsch, laut und mit Begeisterung zu singen, für den war auch Vorsorge getroffen. Die sangesunwilligen oder -unbegabten Klöpfelgeher durften anstatt eines dreistimmigen Liedes drei einstimmige Vaterunser beten und das galt dann ebenso. Damit ist das Klöpfeln Teil der Heischebräuche, wo sich der Bedürftige etwas »erheischen«, also erbitten möchte. Aufgrund globaler Armut gibt es diese Heischebräuche auch in unterschiedlichsten Ausformungen auf der ganzen Welt, von der Mönchszeremonie in Laos bis zum tanzenden Derwisch im Arabischen.

Doch nicht überall lief dieser Brauch nach dem Muster des später im Jahreskreis gepflegten Sternsingens ab. Nein, beim Klöpfeln wurde teils rabiat um eine Gabe gebeten. Belegt sind die mit Heugabeln bewaffneten Waidler aus dem Bayerischen Wald, die ihren Dreispitz den Hausbewohnern mehr oder weniger furchteinflößend entgegenstemmten und dabei im finsteren Bass folgende Forderung artikulierten:

»Klöpfe, klöpfe, klöpfe o,
der Bauer is a braver Mo.
D'Schüssel hör i klinga,
d'Krapfa hör i springa,
Krapfa raus, Krapfa raus,
oda i stich enk a Loch ins Haus.«

Der Besuchte war gut beraten, wenn er nun Geräuchertes, Speck oder Küchle beziehungsweise Krapfen an die Zacken des spitzen Klopfwerkzeugs der Besucher spießte, damit sein Haus und er selbst »lochfrei« blieben. So mancher freche Bauer spickte lediglich eine Kartoffel auf die Gabel. Was dann folgte, das lässt sich freilich auch aus dem Niederbayrischen nachweislich belegen: Es wurde saftig gescherzt, vulgo gerauft und geprügelt, bis der Schani kam.

So manches Mal ging die Gaudi zu weit. Konkurrierende Klöpfler prügelten sich um die besten Plätze, also Haustüren, und machten allerlei Unfug. Die Gerichtsbücher aus Neumarkt an der Rott geben bereits 1514 Auskunft über die Erfassung und Bestrafungen eines gewissen Herrn Pfeffinger Junior, der sich als Klöpfler dermaßen prügelte, dass er in Verwahrung genommen werden musste. Auch aus Erding liegen Berichte über adventliche Straftäter vor. Die Grenzen zwischen Sängern und Sündern waren hier fließend.

Gerade der dritte Adventsdonnerstag war berüchtigt, da sich dann – dem Volksmund gemäß – der Leibhaftige persönlich unter die Klöpfler mischte. In der Hexennacht trieben damit nicht nur freche Burschen, sondern gar Hexen und Teufel beim Anklopfen ihr Unwesen. Diese Fama erleichterte freilich den Bittgang, fürchteten dann die Dringebliebenen nicht nur freche Jugendliche, rabiate Burschen und aufdringliche Kleinhäusler, sondern gleich noch unchristliches Hexenwerk. Lieber gab man schnell etwas und verrammelte das Tor danach wieder. Auf beiden Seiten der Haustür war man damit zufrieden. Das Vermummen stammt freilich von der Scham, die herrschte, als man für sein Auskommen bei Nachbarn und Fremden betteln musste, und hat so gar nichts mit Dämonen oder Geistergschwerl zu tun.

Frische fränkische »Küchle« – zum Reinbeißen!

Ein generelles polizeiliches Verbot des Klöpfelgehens erging in Nürnberg 1616 und in München wurde selbiges noch 1803 diskutiert. Allerdings griff der Staat nicht wegen Teufeln oder Heugabelschwingern ein, sondern das Bürgertum störte sich an bettelnden Lehrbuben, die von Haus zu Haus zogen. Die bereits etablierte Presse aber erhob das Wort für die Gesellen, die die milden Gaben mittlerweile dringend für ihr Auskommen benötigten.

Und der Brauch blieb bestehen und konnte auch witzig ablaufen. Spottlieder auf den Hausherrn waren beliebt und wenn dieser mitlachte, gab es gleich mehr für die sarkastische Sängerschar. Andernorts wurde um die Wette gereimt. Die Sänger gaben eine Wortkette vor, der Bewohner musste mit reimen. Durch die adventlichen Gaudigstanzln entbrannte so ein Sängerkrieg, wenn »eingreimt« wurde. Verlor die Klöpfeltruppe, war der Lohn gering, gewann sie aber, wurde umso freigebiger geschenkt. »Öppfel und Pfenning« gab es, also Äpfel, auch Birnen, Nüsse, Kletzenbrot, Speck, manchmal Münzen, nämlich Patzn und Kreuzer. In der Oberpfalz wurde für die Kirche gesammelt und die Laufener Schwestern Bertha und Beppi Schieder gingen gar – erneut der Armut wegen – 1947 auf große Klöpfl-Tournee. Sie sangen sich von Dorf zu Dorf durch die Kälte, bis sie die eigenen Lieder nimmer hören konnten, die Kehlen trocken blieben und sie eine »Schmier« für den Hals brauchten, die sie in mancher Stube neben ein paar Münzen oder Fressalien auch in flüssiger Form erhielten.

Später übernahmen die Kinder. Nimmer aus Armut, aber aus Traditionsgefühl. In Oberammergau gar mit Geigenbegleitung, jedoch durch die Kälte oftmals vielstimmig verstimmt. Paul Ernst Rattelmüller beschreibt herrlich, wie von älteren Bäuerinnen gemurrt und geschimpft wird, wenn die Kinder falsch singen. Diese geben aber gar nicht schüchtern heraus: Wird halt das Publikum unmusikalisch gwesn sein. An ihnen habe es nicht gelegen.

Als Glöckisingen ist der Brauch im Berchtesgadener Land und als Göller / Goldner etwa in Windischeschenbach in der Oberpfalz bekannt. Allüberall zogen und ziehen die teils vermummten Gestalten mit oder ohne Gabel, oftmals mit zu füllenden Säcken, teils betend, teils bimmelnd, teils singend, immer aber bittend durch die Gemeinden. Ebenso belegt ist eine Art Seilziehen mit dem leeren Sack, wobei man auch hier die Bittsteller immer gern gewinnen ließ und selbiger Sack nimmer lang leer bleiben musste. Noch heute gehen die Damen aus Seeon für den guten Zweck von Haus zu Haus und beleben das Klöpfeln von Neuem.

Einige Lieder und Verse haben sich erhalten, wie diese ein bisserl bairisch, ein bisserl hochdeutschen, teils freundlich, teils mit frechen Zeilen vom Ende des 19. Jahrhunderts, die einen panbayerischen Brauch zusammenfassen, der Armut und Adventlichkeit, Sänger und Beter, Geber und Nehmer, Klöpfelgänger und Türöffner zusammenbringt:

»Holla Klopfa san da!
Wir ziehen daher so spät in der Nacht,
denn heut ist eine heilige Klopfernacht.
Wir ziehen daher über Wiesen und Klee
und hüten dem Bauern sein Korn und sein Feld,
seine Rinder und Roß, seine Schaf und Schwein
und kehrn aa amoi wieder a ander Jahr ein.
Wir wünschen am Bauern an Kastn voll Korn,
daß er alle Woche ko in d'Schranna neifahrn.
Wir wünschen der Bäuerin an goldenen Ring,
in der Mitt a kloans Sterndl und 's Christkindl drin.
Wir wünschen an Roßknecht an Söchta voll Flöh,
in da Fruah, wenn er aufsteht, na hebt'sn in d'Höh.
Wir wünschen der Dirn vui tausendmoi Glück,
daß ihr im Milchsöchta d'Milli net grinnt.
Mir grüaß'n dö Bäuerin, mir grüaß'n dö Dirn,
mir grüaß'n 's kloa Kindl in da Wiagn drinn.
Mir kennan net allerweil dableibn, mir müassn wieda geh,
für des, was ma kriagt ham, bedank ma uns schö.«

»Kletzei« vor der Haustür: Sie singen ein Lied, überbringen Segenswünsche und bekommen dafür eine milde Gabe.

Knisterndes Messing und überlebensgroße Himmelsbotinnen: Die Nürnberger Rauschgoldengel

Um es gleich vorwegzunehmen: Mit dem Rausch haben diese Engel nichts zu tun! Auch wenn es ein Glühweinhersteller so assoziiert. Zudem sind sie zumeist nicht aus Gold. Nicht einmal unbedingt Engel sind es und doch haben sie Geschichte und gehören auf den Nürnberger Christkindlesmarkt wie Rostbratwürstel, Christkindl und Glühweinseligkeit.

Aber der Reihe nach. Wie viele segensreiche Dinge geht die Geschichte der Rauschgoldengel auf eine gar nicht goldige oder berauschende Zeit zurück. Und der Engel basiert auf einer Tragödie. Der Puppenmacher und Handwerksmeister Melchior Hauser musste während des Dreißigjährigen Kriegs den Tod seiner noch kindlichen Tochter verkraften. Im Traum aber erschien sie ihm und munterte den Papa auf. Diese Vision im Schlaf blieb ihm so eindrücklich in Erinnerung, dass er sie anderntags in Kunsthandwerk umsetzen wollte. Und was macht der Puppenmacher? Eine Puppe freilich. In Erinnerung an die zum Engel verklärte Tochter in damals noch typischer fränkischer Bauerntracht (allerdings eher typisch für das 18. Jahrhundert; da war der legendäre Engel wohl bereits ein Bote der Zukunft).

Eine weitere Variante der Legende besagt, dass der Papa am Bett der todkranken Tochter den Flügelschlag der Engel vernahm, die sie alsbald in den Himmel geleiteten. Beide Versionen rühren und jedes Nürnberger Kindl kennt sie. Beide Überlieferungen gehen auf die Autorin Annie M. Rossbacher und die 1930er-Jahre zurück. Macht das die Geschichten weniger wahr? Ja. Macht es sie weniger schön? Das entscheiden am besten Sie. Schließlich gehabt es sich bei Legenden immer so.

Flüssige Verwechslungsgefahr mit Rauschgarantie: der gleichnamige Glühwein

Somit wurde den glitzernden Engeln im Nachhinein eine typische Entstehungsgeschichte gegeben. Denn der Engel ist typisch für den vielleicht typischsten Adventsmarkt der Welt, weswegen dieser samt Bewerbungsunterlagen fürs Christkindl am 17. Dezember nochmals genauer beschrieben wird. Ebenso typisch waren ab dem 18. Jahrhundert die armlosen, ebenfalls gefatschten Puppen, zu denen der geneigte Leser am 15. Dezember noch mehr erfährt. Bei dieser gewickelten Form ohne Extremitäten konnte der Engel nicht die Arme ausbreiten, um den Segen zu spenden – das macht schließlich das Christkind persönlich. Zudem sollten diese Figuren im Zuge der Reformation auch gar keine Engel mehr sein, sondern das von Martin Luther präferierte Christkindl selbst darstellen. Im Laufe der Zeit verschmolzen Verkündigungsengel und Grund der Verkündigung also zu einem Christkindlengel mit Attributen beider Figuren. Darum sieht das Nürnberger Christkindl auch anders aus als so manche kindliche Darstellung des Jesuskindes. Nur hat dieses keine Engelsflügel, dafür aber die gleiche goldene Lockenpracht.

Die älteste nachgewiesene Darstellung des Rauschgoldengels findet sich im Jahr 1767. Im 19. Jahrhundert werden die Engelein dann auch schon als Christbaumschmuck verwendet und gemalt.

In schönstem kryptischsten, umlaut-/ou-satten und tiefsten Fränkisch dichtet Georg Herbholzheimer:

»Rauschgoldengala, Rauschgoldengala,
Breit die Flügl aus!
Flöig mit deiner goldna Krona
Ah ins Gässla, wou mir wohna;
Kumm in unser Haus!«

Was aber hat es nun mit dem berauschenden Namen auf sich? Weil Gold im 17. Jahrhundert teuer und unbezahlbar war, auch Blattgold nicht erschwinglich, griff der kluge Nürnberger Puppenmacher zum Messing. Auch dieses Metall gibt es dünn gepresst als Folie und geht beim Betrachter als Gold durch. Wird es gelegt und geformt, dann knistert es. Oder es rauscht. Fertig ist das Knistermessingchristkind, das als Rauschgoldengel doch gleich viel schöner klingt. Seit den 1950er-Jahren wurde leider die Produktion von Messingfolie für

Aufwändig hergestelltes Rauschgold aus Messing. Optisch wie Blattgold oxidiert es aber mit der Zeit.

Rauschgoldengel, freundliche Händler und kleine Kunden am Nürnberger Christkindlmarkt 1951

die gefältelten Rauschgoldröcke eingestellt und ein ganzer Industriezweig verschwand. Seither verwendet man schnöde Metallfolie. Ähnlich der Alufolie glänzt aber auch diese.

In ihrer Geburtsstadt Nürnberg stehen die armlosen Figuren in der Innenstadt: in Echtgewicht zwischen 50 und 60 Kilo schwer und über stolze 2 Meter hoch. An ihnen kann man die nötigen Attribute eines Rauschgoldengels nachvollziehen: ein Stern mittig über der Plisseeschürze, rote Bäckchen, Löckchen und eine hohe Krone. Das Mieder bildet ein gestürztes Dreieck, das einer Rüstung gleicht. Richtiger nennt es sich Taillenschneppe, also ein spitz zulaufendes Kleidungsteil, das an die fränkische Tracht erinnert. Eine richtige Wonder Woman ist dieser Engel. Und dann freilich die Flügel, große, flache goldene Paare. Diese streng geometrisch stilisierten Rauschgoldengel stammen aus der ersten Massenproduktion im 20. Jahrhundert. Agnes Gerlach, Johannes Seiler und der Freiherr Heinrich von Pechmann hatten während einer Phase des Traditionsniedergangs 1916 die zündende Idee, den Engel mit einem guten Zweck zu verbinden: Kriegsversehrte und Kriegswitwen schufen die Engel aus Papier und verzierten sie mit Stoffen. Damit retteten sie die Engel vor dem Verschwinden und taten dabei noch Gutes.

Kein Rauschgoldengerl, aber trotzdem goldig. Nürnberger Christkindlesmarkt, 2018

Das Germanische Nationalmuseum beherbergt ein besonders hübsches und typisches Exemplar aus bemaltem Porzellan. Die Figur aus dem Jahr 1930 wurde mit Metallpapier und vermeintlich echtem Menschenhaar von der Firma Simon & Halbig; Kämmer & Reinhardt ausstaffiert. Da musste wohl ein echter Engel Haar für den falschen lassen.

Die Rauschgoldengel mauserten sich schließlich zum Adventsschlager. Beim Christkindlesmarkt wurden sie verkauft und zum Symbolbild des Nürnberger Advents. 1990 schafften sie es sogar auf die hochoffizielle Weihnachtsbriefmarke der Bundespost. Und lebensgroß schafften sie es in mehrfacher Ausführung zur Statuenehren als altehrwürdige Engelsdame für den Himmel über Nürnberg.

Diese Dame wurde liebevoll Bärbel genannt, einmal ein anderer und gänzlich weltlicher Engelsname. 50 Jahre hat das Wahrzeichen auf dem Buckel und ist schon rein ideell unbezahlbar (mit 20000 Euro war dafür die Restaurierung teuer, aber bezahlbar). Zudem kann Bärbel auch wirklich fliegen, wenn sie mit menschlicher Unterstützung 4 Meter in die Höhe gehievt wird und dann den Advent über prächtig prangend auf der Fleischbrücke hängt. Und sie hat noch zwei Schwestern mit den ebenfalls klingenden Namen Rosa und Kunigunde.

Ihre käuflichen verkleinerten Wiedergängerinnen in den Verkaufsständen rangieren etwa bei stolzen 85 Euro das Stück. Dafür werden aber nur gute 20 Zentimeter Engel geliefert. Damit kann sich jeder eine Minibärbel ins Haus holen und hat damit Christkind, Verkündigungsengel, Wonder Woman und Nürnberger Original zugleich im adventlichen Heim. Und wenn man über die Schürze streift, dann rauscht es auch ganz leise, das goldene Püppchen mit legendärer, schöner Geschichte. Zumindest ein Sinnesrausch!

Da hängt und grüßt die Bärbel hoch über dem Nürnberger Christkindlesmarkt.

Heiliges Figurentheater mit Statisterie von Greta Thunberg bis Diego Maradona: Kripperl(bau)kunst

Früher lief Marianne Buchwieser aus Grainau noch erhobenen Hauptes durch den Wald. Seit ihrem 38. Lebensjahr aber senkt sie den Blick bei jedem Spaziergang. Denn eine seltsame Krankheit hat sie erfasst, die zwar nicht heilbar, aber sehr heilsam ist: das Krippenfieber. Wer davon befallen wird, der sammelt das ganze Jahr für die Saison ab September, und er baut und kreiert Bethlehem-Dioramen der besonderen Art.

Mariannes Mama war im Verein der Werdenfelser Krippenfreunde aktiv, doch das wirkte auf die Jugend im Vergleich zum Tanzen und zur Musik der späten 70er-Jahre wenig attraktiv. Im Erwachsenenalter aber brachen dann bei Marianne die Gene und die vererbbare Krankheit durch. Deshalb senkt sie heute den Blick. Denn der/die Kripperlbauerin sucht. Und so manches findet sich am Waldboden, was später getrocknet für Botanik, Stall und Krippenberg genutzt werden kann. Drum werden Rindenstücke, Wurzeln, Zapfen, Steine aufgelesen und man vergrößert so das eigene Depot für künftige Krippenprojekte. Aus den Schuppen von Fichtenzapfen kann man eine tolle Palme bauen. Für die Blätter wird beidseitiges Klebeband dünn geschnitten und dann eingesprüht. Eine Wurzel auf den Kopf gestellt kann einen wunderbaren Olivenbaum ergeben. Schön gedreht! Dafür bietet sich besonders wilder Thymian an. Rindenstücke ergeben einen kontrastreichen Untergrund für die Krippe und Steine aller Art braucht man für Felsen, Häuser und Dekoration. Krippen werden übrigens kenntnisreich *gebaut*, nie gebastelt! Denn es geht um den Glauben und um die Geschichte dahinter. Und diese kann ausführlich sein.

Neun Stück Krippen sind bei Marianne Buchwieser in mehreren Kellern sorgsam eingelagert und mindestens vier werden bei ihr pro Jahr aufgestellt. Egal ob orientalisch oder oberbayrisch, schön und persönlich soll sie sein. Bei den Orientalen muss es eine verbaute Felsenruine sein, bei der Oberbayrischen muss der Backstein aus dem Putz ragen, denn je ärmer und älter und künstlich kaputter, umso besser. Und diese Alterung wird mit viel Arbeitsaufwand erzeugt.

Ein grantiger Wirt und ein bittender Joseph vor künstlichem Verfall bayerischer Bethlehem-Szenerie

Eine seltene Wurzelkrippe aus mehreren Wurzelstöcken zur imposanten Höhle geformt gehören ihr, ebenso wie eine Kleinkrippe auf einem Baumschwamm oder in der Laterne. Für das Highlight der Sammlung musste sogar der Fernseher weichen. Denn im Einbauschrank lagert das ganze Jahr die Lieblingskrippe: eine Winterkrippe mit dickem Schnee auf den bayerischen Häusern, mit dem Schlittenhiasl, einem Buben, der seinen Rodel über ein ebenfalls verschneites Brückerl zieht. Mit aus Glasstäbchen geformten Eiszapfen, die vom Dachfirst hängen, und mit Sternsingern, die eigentlich anstatt der heiligen drei Könige in eine bayerische Krippe gehören.

Das Besondere daran ist die Fluchtpunktperspektive, bei der die Sänger aus dem Krippeninneren auf den Betrachter zulaufen. Und dass alles (außer den Figuren) hand- und hausgemacht ist. Aus geschliffenem, bemaltem Gips kann man wunderbar Schnee machen. Alte Schindeln dienen für den Dachstuhl, wenn man sie klein schneidet. Und eine richtige Krippe hat einen Fokus. Der Blick muss sofort auf das heilige Paar gelenkt werden. Und das inszeniert Marianne Buchwieser wie der Regiegott Otto Schenk, der anstatt Opern nun Krippen einrichtet. Sie lässt von rechts eine Schafherde zum Stall laufen, ein altes Paar richtet den Blick darauf und wie in den Bildachsen von durchdachten Renaissancegemälden wird der Blick des Beobachters automatisch auf Joseph und Maria gelenkt. Die ganze Dynamik des Geschehens ist darauf ausgerichtet. Das muss man können.

Kleine, aber andächtige Besucherin vor Marianne Buchwiesers Krippe in Grainau

Geplant wird eine jede Krippe zunächst am Zeichenblock. Dann beginnt die Arbeit am Boden und am Stall oder Tempel. Den Hintergrund lässt sie malen. Die Ideen dazu aber liefert sie persönlich. Und neben den Hauptfiguren darf – wie in einer Otto Schenk Inszenierung – ruhig ein wenig Nebenhandlung passieren. Viele Krippenbauer verewigen sich gleich selbst als Wirt bei der Herbergssuche oder als frommer Besucher des Jesuskindes. Das mag der Lohn für die vielen Stunden Arbeit sein, denn 300 davon darf man rechnen für eine fertige Szenerie.

Allein Hauswände sind aufwendig, denn schließlich will kein Mensch eine Bethlehemer Neubausiedlung sehen. Aus Styrodurplatten entstehen Wände. Diese werden gegipst und danach mehr als viermal lasiert, schwarz grundiert und schließlich so gefasst, dass man sie als alt, schattiert und konturiert wahrnimmt. Dabei gehen die Kripperlfreunde wie professionelle Kascheure unter den Bühnenbildnern vor. Nur eben alles im Kleinformat. Aber ebenso effektvoll theatralisch funktionieren die Krippenlandschaften. Da wird dann auch der Lichtschalter für elaborierte bläulich mystische Beleuchtung geschickt in einem Mauerstein versteckt.

Im Verein gibt es dazu freilich ausreichend Know-how und Fachpersonal. Stolze 480 Mitglieder zählen die Werdenfelser Krippenfreunde, auch wenn nicht ein jeder aktiver Baukünstler ist. Manche treten nur bei, bis die eigene Hauskrippe fertig ist. Daneben geht der Verein in die Schulen und leitet die Kleinsten zum gemeinsamen Bauen an. Auch an der Schule für Holz und Gestaltung kann man den Krippenbau erlernen. Für den Ort organisiert der Verein einen Krippenweg mit vielen Prachtstücken in den Schaufenstern von Geschäften und eine große Ortskrippe im Garmischer Zentrum. Da kann dann jeder Zuschauer fensterln gehen und die Schaustücke bewundern.

Schätze aus Marianne Buchwiesers Lagern: Winterkrippen, Flucht nach Ägypten, orientalische Szenerie noch halb versteckt und handgebauter Palmenbaum– täuschend echt

Immer zum Advent werden die neu entstandenen Krippen ausführlich gelobt und bei einem Schnapserl quasi als Minihebauf gefeiert. Moden gibt es allerdings beim Bau nicht und getadelt wird auch nicht. Ob aus Isar kiesel, Kunststoffen oder Naturmaterialien: »Passen muss es. Und am Besitzer gfoin, dann bassd's. Jeda wiara moand«, sagt Marianne. Und das sagt auch Martin Königsdorfer, der Krippenbaumeister des Vereins, der sich für Figuren und Hintergrundtableaus verantwortlich zeigt. Und dieser lehrt auch Abseitiges. Gerade darf eine Krippe nie sein. Sie muss schief gestellte Wände haben, Schrägen und Verhautes. Denn wenn es zu geometrisch ist, ist es weder gemütlich noch altbacken. Und das will man! Kleine Figuren kommen in den Hintergrund, die großen nach vorne und schon stimmt die Perspektive und ein Schränkchen bekommt mit dem Hintergrund zusammen eine Tiefe, die deutlich bis nach hinter Nazareth reicht.

Und die Figuren? Die können geschnitzt oder aus Terrakotta sein. Billig sind sie nicht. Deutlich vierstellig rangieren die handgearbeiteten Schätze. Einige hat Marianne selbst angekleidet, weswegen die Maria auch Mariannes Dirndlstoffreste anhat. Andere Fleckerl bekommt sie vom Trachten Grasegger. Damit der Faltenwurf auch im Kisterl über das Jahr hinweg nicht verrutscht, bepinselt man die fertig drapierten Figuren ganz einfach mit Tapetenkleister. Gewusst wie!

Die Szene ist nachzulesen im Neuen Testament und auf Mariannes Schrankinnenseite.

Und es begab sich aber zu der Zeit ...

Und der Engel sprach zu den Hirten:

Fürchtet euch nicht !

Siehe ich verkündige Euch große Freude, die allem Volk widerfahren wird; denn euch ist heute der Heiland geboren, welcher ist Christus der Herr, in der Stadt Davids. Und das habt zum Zeichen: ihr werdet finden das Kind in Windeln gewickelt und in einer Krippe liegen. Und alsbald war da bei dem Engel die Menge der himmlischen Heerscharen, die lobten Gott und sprachen:

Ehre sei Gott in der Höhe
und Friede auf Erden

Lukas 2,1 - 20

Moderner und jugendlicher Krippenbau am Hirschgarten in München mit Greta in der Krippe

Bei Marianne Buchwieser wird nichts kommerziell vertrieben. Sie baut nach Leidenschaft für sich und für die Familie. Und für die Geschichte hinter der Miniaturszene. Das Lukasevangelium ist an die Seite der Winterkrippe geheftet. Es geht hier nicht um Modellbau, sondern um christliche Überlieferung. Das ist ihr bei all den Tricks und Fertigkeiten des Bauens besonders wichtig. Und richtig: Dafür darf man auch zum Grenzgänger werden und im Österreichischen den begehrten, wenngleich geschützten »Hirschhoadach« (Hirschheidrich) in geringen Mengen sammeln, weil die kleinen Blätter des Gewächses sich halt ideal als antiker Laubbaum en miniature anbietet. Und beim Türkeiurlaub wanderte das ganze Gwand ins Handgepäck, damit im Koffer ausreichend Platz für die gefundenen Holzstücke, Wurzeln und Fasern blieb, die man selbst im Sommer im Süden für das winterliche Adventsbauen im Bayerischen benötigte. Das nenn ich Hingabe für das Hobby.

Übrigens bauen Frauen und Männer gleichermaßen Krippen. Das Diffizile, das Feingefühl, die Hingabe fürs Detail, das scheinen im Werdenfels Tugenden zu sein. Bayernweit gibt es freilich männliche und weibliche Koryphäen, Krippennester und jahrhundertealte Bautraditionen.

In Plößberg in der Oberpfalz will man im Winter 2022 einen Rekord brechen und die größte Krippe der Welt präsentieren. Auf 70 Quadratmetern Fläche im Kultursaal der Gemeinde ist das ehrgeizige Ziel, über 12 000 Figuren und viele einzelne Hauskrippen – alles ausschließlich aus Naturmaterialien – zu einer einzigen, begehbaren Krippe zusammenzustellen. Plößberg kann stolz auf eine lange Tradition heimischer Laienschnitzer zurückschauen: Über 200 Jahre haben die ältesten Figuren auf dem geschnitzten Buckel und noch immer pflegen sie hier im Ort den Krippenbau.

Im Allgäu gibt es diverse Krippenwege entlang der oberschwäbischen Barockstraße mit Simultanszenerien, die einer Bildergeschichte gleich von der Verkündigung bis zur Flucht nach Ägypten ein ganzes Dutzend an Maria-&-Joseph-Pärchen zeigen.

In einer Münchner Krippe am Hirschgarten trug das Jesuskindlein 2021 gar Greta Thunbergs Schulstreikschildlein. Die Jugendlichen wollten während der Pandemie aktuelle Themen in die Weihnachtsgeschichte einflechten. Das ist nicht neu. Steht nicht in Neapel seit Jahrzehnten neben dem Ochs auch der Papst in der Gesellschaft von Diego Maradona? »Jeda wiara moand«, dad d'Marianne sagen. Aber eine Krippe muss wachsen. Sie verändert sich während des Bauens und Fassens. Und allein das Aufstellen dauert leicht einen halben Tag. Dann darf sie vom ersten Advent bis Maria Lichtmess die Stube schmücken. Oder das ganze Jahr im Schrank stehen.

Mariannes Katzen Simba und Mogli liebten die Krippen ebenso wie ihr Frauchen und legten sich mit katzenhafter Vorsicht und ohne Zerstörung alle Jahre wieder in die prächtigen Szenen. Vielleicht wandert auch deshalb Marianne Jahr für Jahr mit gesenktem Blick durch den Wald. Denn ganz lassen kann sie das Krippenbauen bis heute nicht. Das muss die Erbkrankheit sein.

AVE GRACIA PLENA DOMINVS TECVM
O maria unica spes mea

Rorate oder Engelamt: Früh übt sich zum nachtschlafenden Glaubensbeweis

Der Advent bedeutet ja im Wortsinn Ankunft oder Erscheinen. Gemeint ist Christus, auf den wir vom 1. bis zum 24. Dezember vorfreudig warten. Dieses Warten wurde ritualisiert und gefeiert. Seit dem 15. Jahrhundert sind in Altbayern Stiftungen im Advent bekannt, die getätigt wurden, damit die Gemeinde besondere Messen singen und lesen lassen kann: die Rorate.

In aller Frühe rufen die Kirchenglocken bei tiefer Finsternis ihre Schäflein ins erleuchtete Gotteshaus zum nachtschlafenden Engelamt. 1886 schreibt der Volkskundler Josef Schlicht in Augsburg: »Dieser eigenartig morgenfrühe Gottesdienst trägt im Kirchenmund den Titel ›das Rorate‹«. Die Roratemesse leitet sich her aus dem lateinischen Eröffnungsvers »Rorate, caeli desuper!« (Für alle Nichtaltphilologen: »Tauet, Himmel von oben!« und für alle Nicht-Bibelfesten: Altes Testament, Jesaja 45,8.)

Getaut ist dabei eher der Himmel als die festgefrorenen Böden und die ungeräumten Wege zum etwaig verschneiten Kirchgang. Die deutsche Bezeichnung »Engelamt« bezieht sich auf die Verkündigung durch den Engel Gabriel an die Jungfrau Maria, dass sie zur Weihnacht den Heiland gebären wird. Im Dom von Regensburg findet sich dafür ein seltener, aber berechtigt lachender Verkündigungsengel. Schließlich bringt er wahrlich frohe Kunde, für die es kein so ernstes Gschau benötigt.

Gfrei di, da Herrgott kimmd! Der ungewöhnlich (sympathisch) lachende Engel im Regensburger Dom, um 1280

Frühereszeit war das Engelamt auch gebräuchlich für eine Kinderbeerdigung, da es sogleich mit dem Verscheiden zum Engel wird. Ein tröstliches Bild. Seit dem Konzil von Ephesos 431 n. Chr. war sich die Kirche einig, dass Maria die »Gottesgebärerin« ist. Das soll auch gefeiert werden und damit begann man ursprünglich mit der Marienmesse am Samstagmorgen. Daraus entwickelten sich teils tägliche Adventsfrühmessen. Ein weiterer Ursprung liegt in antik römischen Quatemberwochen. Die Bußwochen wurden fürs Gebet, zur Priesterweihe und für »güldene Messen« verwendet, die besonders beliebt waren, da deren Teilnahme besonderen geistlichen Lohn versprach. Diesen kann man schließlich zum Jahresende und vor der Weihnacht gut gebrauchen. Sie waren so gefragt, dass so mancher katholische Pfarrer gleich noch nach dem 24. Dezember weitere Engelämter »anstückeln« musste, bis alle Jahressünden getilgt waren. Daraus entstanden die beliebten Engelämter, zu denen auf dem bayerischen Land mindestens ein Hausmitglied entsandt wurde.

Einer aus der Familie muss also hin. So war es Brauch und so wurde es ausgekartelt. Wohl eher nicht der Palmesel, der österliche Langschläfer. Dieses Amt bekleidete übrigens in meiner Familie ich mit voller Inbrunst im Herzen und im Laken über Jahrzehnte hinweg. Auch die Mamas waren meist beschäftigt, weswegen die Väter oder Kinder zum frühmorgendlichen Engelamt antreten mussten.

Joseph Bronner beschreibt in seinem Werk »Von deutscher Sitt' und Art. Volkssitten und Volksbräuche in Bayern und den angrenzenden Gebieten« 1908 Folgendes: »Solche Jugenderinnerungen steigen in meinem Herzen auf, wenn ich dieser Kirchenzeit gedenke. Wie beglückt lauschten wir Kinder […] den […] feierlichen Klängen der Adventglocken, die durch die

Junggläubige im Kerzenlicht beim Rorate. Fotografie von Paul Ernst Rattelmüller, 1950er-Jahre

Zauberhafte kerzenhelle Stimmung zum Rorate in der Michaelskirche in Krumbach

stille Winternacht frühmorgens zum ›Engelamt oder Rorate‹ riefen! Mochte das Bettchen noch so warm und wohlig sein, hurtig sprangen wir da heraus.«

Er erzählt weiter, wie es mit der Laterne durch den Schnee geht in eine ebenfalls nur von Kerzen erleuchtete Kirche. Die Metapher sitzt: Durch die Finsternis der Welt geht es in die kerzenhelle Kirche, was den Weg durchs Dunkel bis zur Ankunft des Messias erfahrbar symbolisiert. Entsprechend festlich wurden und werden die Messen gestaltet. Dort machen die Kinder und Chöre Musik mit Gitarre und Gesang zur Orgel. Schnell kann da das Gloria zum Gähnen verkommen und es braucht einen stimm- und wortgewaltigen Prediger, damit die versammelte Gemeinde nicht bei nur vorgetäuschter Besinnung zum kollektiven Nickerchen entschlummert. Da helfen Orgelregister und Chorsalven. Auch die Kirchen wurden nicht erst im Barock extrig für die Engelämter geschmückt. Bildwerke von Maria mit den Engeln wurden dafür aufgestellt, die Ver-

Kerzenlicht fürs frühe Singen beim Engelamt

kündigung verbildlicht und aus dem Lukasevangelium gelesen. Mysterien- und Krippenspiele fanden zur Volksbildung ebenso bereits vor der Kindermette an Heiligabend im Rahmen der Engelämter statt. Damit ist das Glaubensschauspiel die früheste »Matinee« der Theatergeschichte und für manches Bühnennachtlicht eine echte Herausforderung.

In Garmisch-Partenkirchen gibt es bis in diese Tage einen »Tugendhaftigkeitswettbewerb«: Wer besucht die meisten Engelämter, wer muss wie viele Fehltage vorweisen und wer frohlockt schon in aller Früh mit sonorer Stimme? Das registrieren manche Münchner Feierbiester ähnlich bloß zur Wiesn und ihren Anwesenheitstagen im Bierzelt, aber mit deutlich weniger adventlicher Religiosität.

Und die Tradition lebt. Hannelore Maurer beschreibt just wie sich am Samerberg Schüler und Hochbetagte zwischen 8 und 7 und 87 Jahren samt 6 [!] Ministranten um halb 6 zum Engelamt mit anschließendem Pfarrfrühstück in der Pfarrkirche Mariä Himmelfahrt in Törwang zusammenfinden. Freilich ist mancher noch etwas »schlafgrantig«, doch nach Gebet, Brezn und Kaffee startet man beseelt und gar nimmer grantig in den (Schul-)Tag. Da tauen eben nicht nur die Himmel, sondern auch die Herzen und die Menschen beim gemeinschaftlichen, betenden Beginn der zumeist vollen Adventstage bei frühmorgendlichen Kerzenmessen aus der Finsternis hinein ins Licht.

Ebenso ist's in Partenkirchen, wo jedes Jahr 20 [!] Engelämter gefeiert werden, wie Pfarrer Andreas Lackermeier berichtet. Und nicht nur unter den Gläubigen gibt es hier einen Wettbewerb über die höchste Anwesenheitsdichte. Etwa drei Ministranten sind ein jedes Jahr stolz darauf, bei jedem, wirklich jedem Engelamt präsent gewesen zu sein. Damit schaffen sie mehr als der Herr Pfarrer persönlich, der seine Engelämter brüderlich mit dem Kaplan und dem Altpfarrer Sand aufteilt. »Ziagad« sind sie aber schon, sagt der Herr Pfarrer, weil es halt doch auch einem Priester manchmal schwerfällt, so früh aus dem Bett zu kommen. Dann muss man ja noch Zeit für eine ruhige Tasse Kaffee einrechnen und das deutlich vor 6.30 Uhr, wenn die Ämter in Partenkirchen beginnen. Und er muss ja aktiv die Messe halten und darf nicht in der Kirchenbank simmern. Denn mindestens 40 Teilnehmer hat hier ein jedes Amt. Und man schaut ganz klassisch auf ein Verkündigungsbild aus der Werkstatt des spanischen Malers Bartolomé Esteban Murillo, das barocken Glanz in den gotischen Hochaltar trägt. Ein Lichtspot allein ist auf das Bild gerichtet – ansonsten in der ganzen Kirche kein künstliches Licht. Auch hier gibt es nachher Brezn vor dem Schulgang.

Vor dem Zeitalter der Umluftheizungen kam es in den Kirchen oftmals zu steifen Zehen und gar Unwohlsein bei all der Kälte. Zeugnisse aus dem Chiemgau und Erfahrungen aus dem 19. Jahrhundert aber berichten, dass man trotz des Frierens auf die Roratemesse niemals verzichten wollte. Weil sie besonderen Segen spendet, aber auch weil die Engelsverkündigung im Beisein der frühmorgendlichen Gemeinde halt doch eine lichtersatte und ganz besondere Adventsstimmung verbreitet, die sich glücklicherweise nicht nur in Partenkirchen standhaft und ausgeschlafen am Leben hält.

Luzia sei Dank! Fürstenfeldbrucker Lichthäusln auf der Amper

Das Kerzerlanzünden gehört zum Advent. Seien es nun die vier am Adventskranz oder auf der Paradeisl-Pyramide (siehe 1. Dezember), die Lichtlein am Baum (siehe 22. Dezember) oder in einem adventlichen Tischschmuck. Lichterglanz darf in der Vorweihnachtszeit nicht fehlen. Der 13. Dezember galt dabei bis ins 16. Jahrhundert fälschlicherweise als ein besonderer Lichtertag, nämlich als Wintersonnwende. Seit jeher wurden am kürzesten Tag des Jahres Kerzen und Feuer entzündet, um sich gegen die lange Dunkelheit zu wehren. Dass der kürzeste Tag erst am 21. Dezember stattfindet, wissen wir seither, doch dieses Lichterfest aus heidnischer Zeit hat überlebt. Denn das Kerzenritual wusste sich auch die Kirche zunutze zu machen. Es brauchte nur mehr eine passende Lichterheilige, mit der man den 13. Dezember verbinden konnte. Da kam die heilige Luzia, die 304 n. Chr. schon mit 21 Jahren als Märtyrerin starb, gerade recht, bedeutet doch schon der aus dem lateinischen »lux« (Licht) hergeleitete Name »Die Leuchtende«, die »Lichtbringerin«. Sie wird gerne mit dem Attribut einer Öllampe abgebildet, was ihre Jungfräulichkeit symbolisiert.

Weil sie das auch zu Lebzeiten lieber bleiben wollte, schickte sie ihrem unlieben Verlobten übrigens ihre Augen, nachdem sie noch schönere von der Gottesmutter Maria erhielt. Trotzdem ist sie Schutzheilige der Blinden und Lichtheilige zugleich. Die Erleuchtete wird damit neben Maria und der heiligen Barbara zur dritten zentralen Heiligen des Advents, zur weiblichen Dreifaltigkeit samt Kerzenglanz. Deshalb wird sie verehrt und deshalb wird ihr in Oberbayern ein Schauspiel aufgeführt, das sich gewaschen hat: In Fürstenfeldbruck wird am Luziatag noch heute eine schwimmende Lichterprozession gegeben, die außergewöhnlich ist.

Belegt seit dem Amperhochwasser 1785 wurden selbst gebaute und erleuchtete Miniaturhäuser den Fluten der Amper übergeben, um vor weiteren Überschwemmungen zu bewahren. Zumeist klappte das auch, bis auf das Pfingsthochwasser 1964, als wohl zu wenige Schifferl als Opfergaben die Brucker beschützten. Manche Quellen gehen noch von einem deutlich älteren, vorchristlichen Brauch des Lichterschwimmens aus. Sicher ist, dass die Tradition später in Vergessenheit geriet und erst 1949 vom Schuldirektor Georg Kachelriß wiederbelebt wurde. Und sein Vorstoß hatte Bestand.

Lichterboote und Lichterburgen beim fragilen Treiben auf der Amper

Heute noch wird der Brauch am Leben erhalten. Ist da etwa ein verspäteter, kompletter Sankt Martinszug in den Bach gefallen? Nichts da! Von der Leonhardikirche aus marschieren die Kinder zur Amperbrücke und lassen dort ihre Luzienhäusl schwimmen, die sich dann hell erleuchtet als im Wasser treibende Laternen drehen, funkeln und den Fluss illuminieren. Sie schwimmen oft kilometerweit. Manche versinken, manche verbrennen, alle Übrigen werden später zur Sicherheit aus dem Wasser gefischt. Josef Wallner von der Wasserwacht Bruck beschreibt die Lebensdauer zwischen Sekunden und einer halben Stunde. Biologisch abbaubare Baumaterialien sind zum empfehlen. Vor allem beim Untergang. Damit das nicht passiert, hilft etwas Fläche zur Stabilisierung des Seegangs.

Waren es früher einfache Bauernhäusl, so schwimmt heutzutage selbst die Allianz Arena in der Amper, rot beleuchtet, da sie anscheinend ein Bayernfan entzündete. Aber Klassenerhalt hin oder her – auch bei der schieren Masse lassen sich die Brucker nicht lumpen. Allein 2019 waren es über 250 Häusl, die nach dem Bau durch Viertklassarchitekten dreier Grundschulen ihre feuchte Taufe in der Amper erhielten. Unzählige kleine Fenster der Miniaturhäusl wurden da erleuchtet und eine ganze Flotte von Gebäuden und Gebilden durfte in See stechen.

Wer sich daheim schon einmal für einen Besuch in Fürstenfeldbruck vorbereiten möchte, dem sei folgende Nummer empfohlen: Nicht »unter 32 16 8 herrscht Konjunktur die ganze Nacht«, sondern unter der 089 / 21 08 33 55 410 kann man sich von den Kindern des Orts den Brauch charmant als Audioguide samt O-Tönen von Passanten näherbringen lassen. Auch im Archiv des Bayerischen Rundfunks finden sich Aufnahmen aus den späten Fünfzigern, als noch ernste Burschen – und nur Burschen – ihre stolzen, mehrstöckigen Konstruktionen zu Wasser lassen durften. Heute bauen Madeln und Buam ihre Häusl gemeinsam. Das Rathaus darf darunter sein, eine in der Amper massiv gefährdete Würfelzuckerburg, eine Beach Bar samt Sandstrand oder auch ein barockes Kircherl. Durch wagemutige und kälteunempfindliche Wasserwachtler werden sie dann am Abend des 13. Dezembers unter genauer Begutachtung der kleinen Baumeister (hoffentlich) zum Schwimmen gebracht und treiben in der recht lebhaften Amper schaukelnd an den stolzen Architekten vorbei. Dabei ist es gar nicht so

Ungewöhnlicher Kopfschmuck: Brucker Buben 1955 mit ihren Luzienhäuseln

leicht, sein Häusl samt Licht in den Amperfluten wiederzuerkennen, und nicht jedes bleibt über Wasser. Fachgesimpelt wird auch dabei: Wenn die Allianz Arena untergeht, werden dann die Sechzger Meister? Schwimmt die Kirche wieder besonders schön? Strahlt das Wirtshaus heller als die andern? Schwankt das Rathaus im Wahljahr arger als sonst? Je mehr Fläche, umso sicherer die Fahrt! Nicht zu viel, nicht zu wenig Gewicht! Gerade recht muss es treiben. Und schön soll's ja trotzdem sein, das Häusl. Und schön sind sie auch! Während die Schweden zum Luzienfest ihren Mädchen Kerzen in die Haare stecken, schreiten die Brucker mit ihren Luzienhäusln zum Lichterschwimmen und erzeugen ein Adventsfest der besonderen Art. So ehrt man eine Lichtbringerin – und so schützt man sich geschickt vor Hochwasser. Schifferl ahoi! Und flux lux!

»Maria und Joseph seind unsara Nama«: Wandernde Bildstöcke beim »Frauentragen«

Angefangen hat alles 1880 mit einer Herbergssuche. Dann gab es so viele Gläubige, die dem Gnadenbild Herberge schenken wollten, dass 1949 ein zweites angeschafft werden musste. Doch damit noch nicht genug. Diesen folgten 1975, 1983 und 2008 die Nummern drei, vier und fünf! Die Zahl der »Wirte« stieg und stieg bis in unsere Tage auf über 120 Familien. Fast ist es ein Zanken und Zerren um die heilige Familie, die man beherbergen will. Aber dann wird halt ein sechstes angeschafft …

So läuft die traditionelle und seit 1880 ununterbrochene Herbergssuche – auch »Frauentragen« genannt – in der Pfarrei Maria Himmelfahrt in Partenkirchen ab. Und da sag noch einer, alte Adventsbräuche sterben aus. Zu einem Fünftel verantwortlich ist Gemeindereferentin und Oberwirtin Susanne Weber. Denn diese hat sich für die Anschaffung von Bild Nummer fünf eingesetzt und koordiniert zugleich seit 2008 ihren Herbergskreis. Verschmitzt erzählt sie den Ablauf. Lange vor dem Advent entsteht eine Liste mit 23 eingeteilten Familien, die jeweils an einem Abend das Gnadenbild, das unter dem Jahr im Pfarrheim ruht, für eine Nacht mit Vollpension übernehmen. Dann wird es wieder auf die Reise geschickt. Zum Glück treffen Maria und Joseph in Partenkirchen deutlich freundlichere Wirte an als damals in Bethlehem. Der Bildstock mit dem heiligen Paar auf Herbergssuche wird zumeist am frühen Abend übergeben. Man klingelt in Begleitung von Gottesmutter und Zimmermann. Schnell wird den Wirten ein Übergabezettel übergeben, dann folgen ein kurzes Wechselgespräch und die Übergabe des Bildstockes, vielleicht noch ein gemeinsames Gebet. Andern Abends bittet man die vorigen Herbergsschenker herein, versammelt sich mit den Kindern, singt und liest gemeinsam oder es gibt heißen Tee und eine Brotzeit. Am nächsten Tag wiederholt sich das Ritual bei der nächsten Familie und der Beschenkte wird zum Geber. So wandert das herbergssuchende Bildnis durch die Gemeinde, bis es am 24. zur Kindermette zurück in die Kirche kehrt, wo die Suche dann mit Christi Geburt ihr Ende findet. Nach 23 verschiedenen Häusern und 23 unterschiedlichen, wenngleich freundlichen Wirten war das aber auch genug der Aufregung und des Wanderns für die schwangere Maria und ihren Joseph. Dafür haben sie gut logiert. Susanne Weber bereitet dem Bild für die eine Nacht ein »schönes, heimeliges Platzerl«. Schließlich beherbergt man das heilige Paar im Bildformat nicht alle, sondern nur genau einen Tag. Da wird ein besonderer Fleck dekoriert. Ein Kerzerl leuchtet. Zu kalt darf es auch nicht sein, denn schließlich hat man hohen Besuch. »Ich sag denen am Abend auch Gute Nacht. Schlaf guad, Maria! Guad Nacht, Joseph. Schließlich sind sie meine Gäste«, betont Susanne und kann sich nicht entschließen, was schöner ist, das Annehmen oder das Weitergeben des Bildes.

Pfarrer Andreas Lackermeier freut diese Form der Adventstradition innerhalb der Kirchengemeinde. Jeden Abend gewährt jemand anders Obdach: Daran erinnert er seit der Flüchtlingskrise 2015. Die biblische Geschichte verweist auch auf moderne Herbergssuchende, die wir, wenn wir die Botschaft aus dem Lukasevangelium ernst nehmen, ebenso wenig abweisen. Schließlich wollen wir bessere Wirte als die verbohrten Bethlehemiter sein. Zur Erinnerung daran wurde in Bildstock Nummer fünf eine dritte Figur neben dem heiligen Paar eingefügt. In der von Josef Strodl und Lisi Schneider geschaffenen Gruppe schaut ein grimmiger Wirt aus dem Haus heraus. Der wird keinen Einlass gewähren.

Der erste Einlass geht in Partenkirchen auf eine Schulgeschichte zurück: Maria Deuschl bekam von der Lehrerin ein kleines Gnadenbild für eine Übernachtung mit. Dieses zeigte sie stolz dem Papa Anton. Der war praktischerweise Schnitzer und noch am selben Tag schuf er den ersten Bildstock, der künftig und seit über 140 Jahren nun durch die Pfarrei wandert.

Andernorts sind es die Kinder, die Marienfiguren oder -bilder, manchmal auch ganze Figurengruppen mit Maria und Joseph mit Bittgesängen von Haus zu Haus bringen und den in Bayern schon fast vergessenen Brauch des »Frauentragens« lebendig halten. Sie vergegenwärtigen anschaulich die verzweifelte Suche der hochschwangeren Maria nach einer Unterkunft, aber auch das tröstliche Öffnen der Haustüren und Beherbergen von Menschen in Not. Vorbild für viele bildliche Darstellungen ist die aus dem 14. Jahrhundert stammende Figur der »Maria in der Hoffnung« in der Wallfahrtskirche auf dem Bogenberg im Bayerischen Wald. Sie trägt unter dem Herzen eine rechteckige Öffnung, in die ein aufrecht stehendes Jesuskind eingesetzt ist.

Auch in persona tauchen die Herbergssucher mancherorts noch auf. In Starnberg wird in der Josefskirche die Herbergssuche durch Kinder nachgespielt und gar gesungen. Ein Beitrag des Bayerischen Rundfunks aus dem Jahr 1963 zeigt zwei bettelarme »Butzerl« aus dem Bayerischen Wald, die sich mit einem dritten Kind, dem Engerl, zusammengetan haben. Durch tiefen Schnee schlurfen sie in einfacher Verkleidung von Hof zu Hof und erbitten etwas zum Essen:

Kinder musizieren und singen beim »Frauentragen« in Marnbach/Weilheim. Fotografie von Paul Ernst Rattelmüller, 1955

»Vo Nazareth san ma umaganga,
miaß ma auf Bethlehem zua.
Maria und Josef seind unsara Nama,
da Weg is weid gnua.
Jetz ham ma Hunga!«

Und so fort hört man die von der Kälte schon etwas müden Stimmen der Kinder, die darauf reichlich mit Früchtebrot und Äpfeln belohnt werden. Ein Kinderpaar auf Herbergssuche sieht man immer seltener, doch der Brauch des wandernden Bildes mit geschnitzten oder gemalten Figuren, dieser lebt nicht nur im Werdenfelser Land fort. Im Österreichischen ist das »Frauentragen« durch Kinder ebenso weit und weiterhin verbreitet. Und die Zahl derer, die symbolisch der schwangeren Maria (und dem Gatten freilich auch) Herberge gewähren, steigt wieder.

Selbst bei »Kunst + Krempel«, der gediegenen Mutter aller Antiquitätenschätzsendungen im Bayerischen Rundfunk, schaute 2011 ein Figurenpaar vorbei. Zwei Bad Grönenbacher berichteten, wie man in grauer Vorzeit auch im Allgäu dem heiligen Paar vorlas, betete und sang. Dafür gab es ein passendes »Beherbergungsbüchlein« mit Texten und Noten, das man der Gastfamilie mit den Figuren überantwortete. Diese auf das Ende des 18. Jahrhunderts datierte Gruppe mit geschnitzten Köpfen und aus Messingdraht und Stoff gestalteten Kleidern schaffte es auf den stolzen Schätzpreis von 1200 Euro. Hergeben will man die Beherbergten aber freilich nicht. Denn den Preis des Brauches schätzten die beiden Allgäuer noch deutlich höher ein …

Ich selbst durfte vor einigen Jahren in Partenkirchen einmal bei der Herbergssuche mit meinem Großvater teilnehmen. Ich glaube, es war Nummer zwei, die an diesem Abend beim Leitenbauer Schmied einkehrte. Dazu luden sie Freunde und Verwandte, man betete einen gemeinsamen Rosenkranz nach altem Ritus. Ich durfte mich nicht verhaspeln, war ich doch als Vorbeter auserkoren für diesen Abend. Umso erleichterter war ich dann, als es nach dem Gebet im Beisein des Bildes Platzerl, Stollen und ein Glaserl Rotwein gab. Eine heimelige, gastfreundliche und adventliche Stimmung war das, die wir da gemeinsam bei der Herbergssuche erlebten. Schließlich wurden auch wir beim Schmied Martl freundlich empfangen und bewirtet. Und so geht es weiter. Da kann es sicher nicht lange dauern, bis in Partenkirchen Bild Nummer sechs angeschafft werden muss.

Madonna in der Hoffnung, Niederbayern, um 1520/1525

Gut gewickelt, wertvoll verbrämt: Das klösterliche Fatschenkindl zum Trost und zum Anschauen

Diese auf das Zentrale heruntergebrochene oder besser gesagt diese gewickelte Form des Kindes in der Krippe ist älter als der Stall samt Ochs und Esel und beruht auf klassischen Klosterarbeiten zum Advent. Das gefatschte Kindl, *eingerichtet* im Holz- oder Glaskastl (daher der Fachbegriff »Eingrichtl« für »Fatschenkindl«), ist bis ins 16. Jahrhundert zurück verfolgbar. Da das eigentlich ja arme Jesuskind in einer einfachen Futterkrippe im Stall zu Bethlehem liegen muss, wird ihm ein Kleid gerichtet, das dem König der Menschen zusteht. Samt, Brokat und Seide werden kunstvoll drapiert, dabei Halbedelsteine zum Schmuck hinzugefügt, als wären die drei Weisen mit ihren Geschenken bereits vor Ort und besonders freigebig gewesen. Diese kunstvollen Puppenarbeiten wurden von Nonnen betrieben, gerne auch als Kindesersatz der zölibatären Ordensschwestern, die ihr Mutterglück eben nur mit Jesus erleben durften. Novizinnen wurden diese Fatschenkindl gar als »Trösterlein« geschenkt, wenn der einsame Gang ins Kloster gerade in der Adventszeit fern der Familie einmal besonders schwer war. Tja, an Weihnachten gibt es eben eine Puppe.

Und da liegt es dann, das prächtige »fascia«, also das »Bündel«, mit dem Wachsköpfchen, das durch die feste Umwickelung aus Seidentuch und Brokatbordüren sicherlich nicht frieren mag. Eingerichtet wurden die Fatschenkindl in Holzkistln, Spanschachteln oder Glaskästen. Manch einer mag bei letzteren da an einen Schneewittchensarg denken, aber ob die wachsernen Christkindl von Novizinnen wachgeküsst wurden, ist nicht belegt.

Der König der Welt in prächtigem Eingrichtl der Augustiner Mönche in München

Belegt ist hingegen das besonders prächtige Exemplar eines solchen Andachtsbildes in der Bürgersaalkirche zu München. Das Augustiner – und damit ein echtes Münchner – Christkindl schaut seit 1600 mit sattem Haar und juwelenbesetztem Heiligenschein in die Welt. Es neigt sich sanft zur Seite und lächelt den Besucher ganz wach an. Ein daran orientiertes Exemplar aus dem Münchner Stadtmuseum liegt wohlgebettet, wenngleich noch ohne Heiligenschein, in einem Goldschrein, der der Königskutsche der britischen Monarchen in nichts nachsteht. Mit dem Original, das alljährlich im Advent bis zum Dreikönigstag in die Oberkirche wandert, ist die schöne Anekdote verbunden, dass es einem Augustinermönch dummerweise bei den Adventsvorbereitungen aus der Hand rutschte und zersprang. Um das Sakrileg zu verheimlichen, fatschte er es schnell und behelfsmäßig von Neuem. Doch an Weihnachten trat das Wunder ein und das Kindl war selbstständig und auf magische Weise wieder neu und ganz.

Frater Stephan bestickt kunstvoll eine Figur nach dem Vorbild des »Prager Jesuleins« für den weihnachtlichen Hochalter der Klosterkirche Andechs. Fotografie 1981

Die Methode des Fatschens, also das fest in Windeln Binden von Säuglingen, lässt sich bis in die Antike und zu Maria selbst zurückverfolgen, denn Babys sollte es schon zu allen Zeiten gut ergehen. Schon der erste Hebammenkursus des Evangelisten Lukas berichtet, dass man das Neugeborene in Windeln wickeln und (mangels Bettstatterl) in eine Krippe legen sollte. Die ersten Darstellungen datieren allerdings erst auf das 3. Jahrhundert. Vor dem Fatschen wurde schlichtweg gewickelt. Die Kulturwissenschaftlerin Petra Hirscher hat den Hintergrund recherchiert: Durch das extreme Einwickeln sollte das Rückgrat geradegestellt und das Gliederwachstum als frühzeitliche Orthopädiemaßnahme gefördert werden. Erst mit drei Monaten wurden die Babys aus ihrem Kokon entlassen – hoffentlich mit geradem Rückgrat und wohl gewachsen. Bei Jesus hat es ja bekanntlich gut funktioniert. Und das Fatschen der Wachsfiguren erspart ja außerdem den Bau der restlichen Körperteile bis auf Kopf und Schultern. Hier darf selbst beim Jesuskindl mit Pappmaché oder Lumpen gemogelt werden. Dies fiel dann auch beim Unfall des Mönchs nicht auseinander.

Umso wichtiger ist die edle »Auszier« des Fatschenkindls. Und es stimmt schon: In der Krippe liegt es da, so nackert und arm, und nur mit der Stoffwindel bekleidet. Da darf dem Heiland der Welt schon ein fesches Fatschengwand geschaffen werden. Dazu gehört klassischerweise eine Haube, ein besonderes Zierband als Abschluss der Wickelung, die sich anatomisch richtig zu den Butzerlfüßen hin verjüngt.

Als erstes »Santo Bambino im Kästchen« wird eine Figur aus der Kirche Santa Maria Maggiore in Rom aus dem 15. Jahrhundert angesehen. Diesem Urbild eifern Exemplare aus Cham, München, Augsburg und dem Oberland nach. In der Kirche Sankt Jakob in Cham findet sich außerdem das freihändige Äquivalent des »Prager Jesuleins«. Ohne Fatschung kann dieses – ebenfalls edelst verbrämt – die eine Hand zum Gruß heben, während die andere die Weltkugel fest im Griff hat. Nach Prag kam diese Art der Darstellung wiederum aus Spanien, wo sie seit dem 14. Jahrhundert verbreitet ist. Vom 17. Jahrhundert an gelangte sie dann sogar bis ins oberpfälzische Cham. Später verschwanden die Arme beim Fatschenkindl wieder unter der reich bestückten und bestickten Decke. Was es darunter hält, können wir nur vermuten.

Das Symbol des edel gekleideten Kindes geht über die Weihnacht hinaus. Zur Hochzeit waren gar gefatschte Doppelköpfe gebräuchlich. Diese sollten keinen Zwillingssegen bringen, sondern das unschuldige, nackte Brautpaar in der ersten Ehenacht symbolisieren. Mit brennendem Herzen zwischen ihnen stellt sich dann nach den ersten Versuchen hoffentlich auch der damit verbundene Kindersegen ein. Wenn man eng genug aneinander gewickelt ist, geht das wohl von selbst. Ist dieser eingetroffen, beginnt die Angst ums Kind, und auch dafür half das Fatschenkind. Als Abhilfe trug man Wachsstöcke, aus Modeln gegossene oder als Lebzelten gebackene Kinderfiguren in die Kirche, um gerade in Zeiten hoher Kindessterblichkeit das Wohl des Nachwuchses zu erbitten. Als 1590 die Blattern im Bayerischen kursierten, kurierte man zumindest die Angst mit den Votivgaben im Babypuppenformat.

In Pobenhausen bei Schrobenhausen hat sich eine besondere Fatschenkrippe erhalten. Diese steht jedem Betenden offen, aber der gemeine Sünder kann diese nicht schaukeln! Das gelingt nur herzensreinen Mamas und solchen, die es werden wollen. Unser Augustinermönch hätte es freilich auch geschafft. Heute ist die Kindersterblichkeit glücklicherweise zurückgedrängt, das Fatschen aber bleibt auch jenseits des Klosterhandwerks lebendig.

Petra Hirscher verrät, dass auch heute noch gefatscht wird. Beim »swaddle«, also dem »Pucken«, werden die Arme des Babys eng umwickelt, nur die Beinfreiheit lässt man ihnen. Das sollte allerdings nur zum Schlafen und gegen zu viel Schreien angewandt werden und ist als moderne Methode umstritten. Das Jesuskind zumindest ist – allen Evangelien gemäß – immer brav geblieben. Den Wachskunstwerken schadet es freilich auch nicht. Sie thronen im Liegen, glänzen in Gold und Brokat, schauen aus ihren herrschaftlichen Kisten und beweisen, welche Kraft ein Baby haben kann, das als Heiland und Erlöser zur Welt kommt.

In Binden gewickeltes Jesuskind. Eine Klosterarbeit der Franziskanerinnen in Reutberg bei Bad Tölz

Nürnberg 1882
Goldene
Nürnberg 1896
Medaillen
F. G. Metzger
Kgl. Bayer. Hof-Lebkuchen-& Chocolade-Fabrik
Fabrik-
Marke

100 Stück zum Glück: Lebzelter und Lebkuchenbäcker in Vergangenheit und Gegenwart

100 Stück müssen es sein. Komme, was wolle. Das ist im Hause Bräu Tradition, feste Regel und da gibt es keinen Verhandlungsspielraum! Sie hat sich herausgebildet, seit meine Mutter und ich vor einigen Jahren in der letzten Novemberwoche gemeinsam mit dem Lebkuchenbacken angefangen haben. Exakt 100 Stück sind es damals geworden. Eher zufällig. Die meisten mit Schokolade »abgedichtet«, wie man bei uns dahcim sagt, damit sie auch bis Heiligabend haltbar sind. Und saftig. So lange überleben freilich die wenigsten Exemplare. Manche leben sogar nur Stunden. Einige werden auf meinen Wunsch mit Zuckerguss bestrichen und die »Nackerten«, die haben wir die letzten Jahre gleich ganz weggelassen. Meine Aufgabe hat sich dabei gewandelt. Anfangs durfte ich nur als Lehrbub assistieren und die niedrigen Arbeiten des Bestreichens oder Umlagerns übernehmen. Dann bin ich zum Former aufgestiegen und habe mich bewährt. Mittlerweile darf ich sogar am Teig mitarbeiten und wurde in die Geheimnisse der Zubereitung eingeweiht. Wie beim Stollen werden bei uns nämlich Orangeat, Zitronat und Rosinen durch den Fleischwolf gedreht, damit die Masse weniger stückig, aber umso saftiger schmeckt. Probieren Sie es einmal aus! Im Grunde mache ich mittlerweile alles, während meine Mama Gabi mit strengem, aber stolzem Blick die Tätigkeiten überwacht. Und sie achtet darauf, dass es genau 100 Stück werden. Nicht mehr und nicht weniger. Also batzelt man die letzten 15 mit genauer, händischer Dosierung schon so hin. Denn geformt wird bei uns in Handarbeit. Auf die Oblate mit Handschuh und Konzentration. Genascht wird dann halt weniger. Man kann ja immer noch an der Schokoladenglasur schlecken, wenngleich das schnell Tadel gibt. Im Jahr 2020 wurde besonders geflucht, denn da sollten Zuckersterndl die Lebkuchen verzieren. Die blöden Dinger aber fielen immer auf die falsche, nicht glänzende Seite. Mit der Pinzette hätte man pro Lebkuchen mindestens fünf Sterne platzieren müssen, was 500 Pinzettentupfer bedeutete und meine Mutter schimpfte dabei arg. Im nächsten Jahr haben wir auf die Sterne verzichtet. Dafür ging es beim Backen besinnlicher zu – samt Rolf Zuckowskis zuckersüßem Evergreen als Hintergrundbeschallung: »In der Weihnachtsbäckerei …«

Fein gearbeitete Holzmodel aus Berchtesgaden – für Lebkuchen und Wachsgebilde

Am Ende des Tages, mit leicht zwickendem Buckel, Schokolade unter den Nägeln und im Bart und im Magen da werden dann die 100 Lebkuchen nach dem Abkühlen und Trocknen säuberlich in Blechkistl gestapelt und mit einem Apfelschnitzen zwecks der Feuchtigkeit eingelagert. Die darf man ab dem 1. Dezember essen, denn Platzerl gibts nur an den Adventssonntagen. Damit reihen wir uns hochoffiziell in die lange Tradition des Lebzeltens ein. Freilich laienhaft und in geringer Menge im Vergleich zu den Nürnberger Großproduzenten, doch zumindest in schmackhafter Manufaktur.

Oblatenglanzbild mit Packerlengel – viel zu schön zum Essen

Das Wort »Lebkuchen« leitet sich aus dem mittelalterlichen klosterdeutschen Mittellatein her: Das »libum« war ein Kuchen, ein Fladen. »Zelten« nannte man die geformten essbaren Kunstwerke, die anhand von Modeln hergestellt wurden. Klingt auch besser als Honigkuchengebäck. Das kennen wir noch aus der Redewendung »strahlen wie ein Honigkuchenpferd«. Gestrahlt haben die Lebkuchen allerdings erst seit dem späteren Glasieren und außer Pferden wurden allerlei weitere kunstvolle Motive für die Lebzelten gewählt. Diese waren aufgrund ihrer filigranen Reliefkunst lange überhaupt nicht zum Essen gedacht, sondern wurden nur ausgestellt oder aufgehängt. Weitere Esskunstwerke finden Sie am 20. Dezember bei den Gebildbroten.

Ein säkulares Erbe dieser Lebzelten sind heutige Lebkuchenherzen, die in schmissigen Parolen auf der Wiesn mit »Schatzi«, »Butzi« oder »Schmuser« werben. In früheren Zeiten prangten Heiligenbilder auf den Reliefbackwerken und wurden verschenkt. Im 19. Jahrhundert dann beklebte man die Kuchen mit Oblatenglanzbildchen. Später wiederum dienten diese als schmuck- und geschmackloser Untergrund für die Teigmasse, die aufgrund der Exotik des Zuckers eigentlich nur aus einem mit Honig gesüßtem Mehl-Wasser-Gemisch bestand. Der Zuckerguss folgte im Zuge der Einfuhr von überseeischen Kolonialwaren ebenfalls erst im 19. Jahrhundert. Da aber war Nürnberg schon längst Lebzeltermetropole. Gleichnamige historische Geschäfte in den Straßen von Murnau bis Ingolstadt erinnern an das geachtete Zunftwesen dieser Honig- und Zuckerbäcker.

Die Lebküchner oder Pfefferküchler waren ein eigenes stolzes Handwerk, das tunlichst nicht mit gewöhnlichen Bäckern verwechselt werden wollte. Seitdem in der frühen Neuzeit Honig nicht mehr nur wild geraubt, sondern selbstständig von Bauern gehegt, also »geimpt« (später vom Imker geimkert) wurde, konnte sich die Honigverarbeitung etablieren. Auf drei (weihnachtlichen) Säulen beruhte das Geschäftsmodell der Lebzelter: Sie backten Küchlein, zogen Kerzen und siedeten Met. Damit ist der spätmittelalterliche Adventsmarkt sogleich gut bestückt, denn ausschenken durften sie den heißen Honigwein im eigenen Geschäft bei Kerzenlicht und Honigkuchen auch. Damals waren das allerdings Luxuswaren. Eine Berechnungstabelle aus dem Jahr 1667 gibt den Wert von 21 Pfund Honig mit sechs satten Spanferkeln an. Ein Vermögen!

Lebküchner bei der Handarbeit an den Modeln. Kupferstich von G. Vogel, 1798

Dann aber ging es langsam bergab mit den Lebzeltern, denn der billigere Rübenzucker, das sich verbreitende Bier und Paraffinkerzen in Massen verdrängten Bienenwachs, Met und Lebkuchen. Zudem brachen die Moderne und das Ende der Ständegesellschaft die Macht der Zünfte und schnell war ein jeder ohne Berufszulassung Zuckerbäcker.

Dann aber bildeten sich die neuzeitlichen und mittlerweile traditionsreichen Nürnberger Lebzelter. Seit 1927 gibt es den Weltmarktführer Schmidt mit seinen Zunft-Elisen und Geschenktruhen. Der mehrfache Preisträger des Lebkuchens des Jahres blickt bald auf eine 100-jährige Geschichte zurück und ehrt diese. E. Otto Schmidt begründete nämlich die Lieferung von Lebkuchen nach Hause. Daneben erfand der Hersteller die Verkaufsidee der Saisonfiliale: Im Winter gehen die Nürnberger Originale in saisonalbedingt geschlossenen, meist italienischen Eisdielen zu Zentnern über die Theke, bis im Frühjahr wieder »Gelato, Gelato« gerufen wird. Wenn das keine europäisch jahreszeitliche Arbeitsteilung mit Absatzgarantie ist!

Als Weihnachtsgebäck kam der Lebkuchen erst spät ins Spiel. Als Grundspeise kennen ihn schon Ägypter und Römer (in Vorgelatozeiten) vor Christi Geburt. Dessen Erfindung des Christentums machte dann aus den Lebzelten ein Fastengericht, das zu starkem Bier gereicht wurde, bevor man an Glühwein oder Met auch nur denken mochte. Auch zu Ostern waren und sind die süßen Fladen beliebt. Doch dann kam Kabarettist und Weihnachtspurist Günther Grünwald und rief sein Lebkuchengesetz aus: Nur zwischen 9. November und 9. Januar dürfen Lebkuchen gekauft und verspeist werden! Sonst droht Gefängnis oder noch rabiater die »Bockfotzn«. Dabei schmecken doch gerade die ersten, verbotenen am besten …

Und heutzutage? Da stehen sie ab August im Supermarkt und alle Jahre in umfunktionierten Eisdielen, auf Christkindlmärkten, auf obligatorischen Plätzchentellern und der Absatz bleibt stabil. 86 500 Tonnen werden jährlich in Deutschland produziert, aber auf der ganzen Welt gegessen. Das entspricht statistisch übrigens der Erntemenge von deutschen Kürbissen und der Menge des jährlichen Elektroschrotts in Baden-Württemberg. Nur damit Sie sich eine bessere Vorstellung von der schieren Menge machen können.

Da fallen unsere 100 so gar nicht ins Gewicht. Aber schmecken tut jeder Einzelne, weil er von Hand geformt, in der Familie gebacken, prächtig verziert und einfach gut ist. 100-fach und jedes Jahr aufs Neue.

Der Nürnberger Christkindlesmarkt mit einem nach historischem Vorbild aus dem 16. Jahrhundert errichteten Honig- und Lebkuchenhaus der Firma E. Otto Schmidt. Ansichtskarte aus den 1970er-Jahren

Der Autor bei der Handarbeit
und ein Reindl der 100 Resultate

Auf zur Dult! Christkindlmärkte vom freigebigen Ursprung bis zur heutigen Glühweinseligkeit

Die Regensburger packen ihn ins Schloss, die Rottacher ans Seeufer, die Burghausener auf den Burgberg. In München gibt es ihn in Pink und alternativ, säkulare Formen erscheinen als Winter- und Glühweinmarkt und in Nürnberg prostet sich die ganze Welt mit einem Tasserl Feuerzangenbowle zu. Christkindlmärkte freuen sich jedes Jahr über mehr Beliebtheit, finden immer neue Ausformungen und locken mit süßen Düften, Krims und Krams, deftigen Schmankerln, Hochprozentigem wie Niedrigpreisigem. Gerade die USA und Großbritannien haben mittlerweile eine große Tradition von German Christmas Markets! So ein Schlager war vormals wohl nur das Oktoberfest.

Dabei geht die Geschichte der Christkindlmärkte deutlich weiter zurück. In der frühen Neuzeit fanden rund um den Nikolaustag, an den sogenannten Gebe-Tagen, Dulten statt. Noch heute kennen wir diese Jahrmärkte unter anderem von der Münchner Auer Dult. Der Name »Dult« wurde aus dem lateinischen »indulgentia« eingealthochdeutscht. Und hier liegen auch die Ursprünge unserer Weihnachtspackerl, denn »indulgentia« meint Güte, Milde und Gnade. Diese versuchte man zu erlangen, indem man der Familie, Freunden und dem Gesinde kleine Geschenke machte, die sich auf den Märkten erwerben ließen. Schon früh waren dies bereits Kunsthandwerk und Kulinarik. Zudem deckte man sich am Markttag zwischen Spielzeugmacher und Schäffler mit allem ein, was man für einen langen Winter in der Stube benötigte. Das Gesinde gab dort den »Weihnachtsthaler«, eine Frühform des Weihnachtsgeldes, aus. Und die Bauern besorgten alles Nötige in der Stadt lieber an der frischen Luft an einem Stand als im Geschäft mit gefühltem Kaufzwang.

Diese Tradition zieht sich bis in unsere Tage fort, auch wenn mancher gestresst zwischen Bratwurstsemmel, Crêpes und Jagertee noch schnell ein Windlicht für Tante Irmgard erwerben muss.

Christbaummarkt am Lenbachplatz in München. Eugen Quaglio, 1886

Im 19. Jahrhundert schließlich etablierten sich die noch heute prominenten Christkindlmärkte etwa in Nürnberg oder München. Im evangelischen Nürnberg war man dabei schneller mit dem Markt des Christkindles. Dieses löste 1530 den Gabenbringer Nikolo ab, welcher in München bei der Nikolaidult in der Kaufingerstraße von 1642 bis 1870 belegt ist. Danach wurde auch diese Dult ein Christkindlmarkt und seit 1972 stehen rund um den Marienplatz über 100 Buden neben dem an die 30 Meter hohen Christbaum, den in guten Jahren 3000 Lichter schmücken. In schlechten Jahren überstrahlen sie die Krüppeltanne als Schenkung aus dem Umland, die dann lichterhell aufgehübscht werden will. Seither kehrt man rund um den Baum ein. Denn Geselligkeit überwog schnell die Gnade und das Geben erfreut seither Händler und Beschenkte gleichermaßen.

Je nach Region unterscheiden sich Bezeichnung und Gestaltung freilich. Immer braucht es einen zentralen Christbaum, eine Krippe, Buden und den passenden Zauber. Im niederbayerischen Abensberg verwandelt sich die ganze Altstadt in die vom deutschen Stadtmarketing hochoffiziell titulierte »Best Christmas City« der Bundesrepublik. Dafür wird der Schlossgarten hergerichtet und der Friedensreich-Hundertwasser-Turm der Kuchlbauer Brauerei erstrahlt unter der Last von 400 000 LED-Lichterln. Darunter gibt es Kunsthandwerk. Der Christkindlmarkt reicht sogar bis in die beheizte Brauereitiefgarage, die zur Adventszeit als Galerie regionaler Künstler umfunktioniert wird. Das nenn ich innovativ, lichtersatt und brauersbärig.

Doch damit nicht genug der Marktbräuche im Bayerischen: Während im Allgäu rund um den 4. Dezember Klausen und Bärbelen, also Krampus und Winterhexe (siehe 5. Dezember), über die Märkte tingeln, Ketten rasseln und Druden vertreiben und dabei die Allgäuer Birnzelten mit Birnen, Feigen, Datteln, Rosinen und Haselnüssen rauben, da erscheint am Nürnberger Hauptmarkt unter großer Medienpräsenz der berühmte blonde Engel. Es war im Jahr 1933 als das Christkindl hier das erste Mal auf den Platz des ältesten deutschen

Der Nürnberger Christkindlesmarkt samt »Schönem Brunnen« und Budenzauber als Geschenkdosenmotiv für Lebkuchen

Weihnachtswunderland in Abensberg (Landkreis Kelheim) mit Friedensreich-Hundertwasser-Kulisse

Marktes dieser Art trat. Es wird nicht von Gottes Gnaden erwählt und auf die Erde entsandt, sondern als Nürnberger Kindl von einer Jury für zwei Jahre gewählt. Zunächst verkörperte es eine Schauspielerin, die qua professio die Menschen leicht sentimentalisierte. Seit 1969 sollte es dann eine gewählte, gebürtige und mindestens 1,60 Meter große Nürnbergerin zwischen 16 und 19 Jahren sein. Nach einer Vorwahl mit ausgiebiger Bürgerbeteiligung und breiter Presseschau entscheidet sich seitdem, wer am Freitag vor dem ersten Advent auf der Empore der Frauenkirche den berühmten Prolog vor dem Lichterglanz des Marktes halten darf. Der Text stammt aus dem Jahr 1948 und ist von Friedrich Bröger, dem Chefdramaturgen der Nürnberger Städtischen Bühnen, verfasst worden:

»Ihr Herrn und Fraun, die ihr einst Kinder wart,
Ihr Kleinen, zu Beginn der Lebensfahrt,
Ein jeder, der sich heute freut und morgen wieder plagt:
Hört alle zu, was euch das Christkind sagt!

In jedem Jahr, vier Wochen vor der Zeit,
Da man den Christbaum schmückt und sich aufs Feiern freut,
Ersteht auf diesem Platz, der Ahn hat's schon gekannt,
Was ihr hier seht, Christkindlesmarkt genannt.

Dies Städtlein in der Stadt, aus Holz und Tuch gemacht,
So flüchtig wie es scheint, in seiner kurzen Pracht,
Ist doch von Ewigkeit. Mein Markt bleibt immer jung,
Solang es Nürnberg gibt und die Erinnerung.

Das Christkindl (weltlicher Name Teresa Windschall) in vollem Ornat und voller Pracht 2021/2022

Denn alt und jung zugleich ist Nürnbergs Angesicht,
Das viele Züge trägt. Ihr zählt sie alle nicht!
Da ist der edle Platz. Doch ihm sind zugesellt
Hochhäuser dieses Tags, Fabriken dieser Welt,
Die neue Stadt im Grün. Und doch bleibt's alle Zeit,
Ihr Herrn und Fraun, das Nürnberg, das ihr seid.

Am Saum des Jahres naht nun bald der Tag,
An dem man selbst sich wünschen und andern schenken mag.
Und leuchtet der Markt im Licht weit und breit,
Schmuck, Kugeln und selige Weihnachtszeit,
Dann vergesst nicht, ihr Herrn und Fraun, und bedenkt:
Wer alles schon hat, der braucht nichts geschenkt.
Die Kinder der Welt und die armen Leut,
Die wissen am Besten, was Schenken bedeut't.

Ihr Herrn und Fraun, die ihr einst Kinder wart,
Seid es heut' wieder, freut euch in ihrer Art.
Das Christkind lädt zu seinem Markte ein,
Und wer da kommt, der soll willkommen sein.«

Und wer ganz ehrlich ist, der wird beim Anblick des prächtigen, leuchtenden und golden umlockten Christkindls doch selbst gern wieder Kind, das ihm noch schnell einen Wunsch für Heiligabend mitgeben will. Konsum- und Architekturkritik stehen trotzdem im Prolog, weswegen man sich bei jedem Besuch einer Adventsdult gerne darauf besinnen mag, »was Schenken bedeut't«. Und da sind wir wieder beim Ursprung der Indulgentia und den Gebe-Tagen. Das Geschenk und die Gabe sind mittlerweile die Christkindlmarktstage selbst. Und die Zeit, die man dafür hat. Da langt schon eine gemeinsame, gemütliche Stunde zwischen Allgäu, Abensberg, Nürnberg, Burghausen oder München.

Krippenspiele durch die Zeit: Von Oberpfälzer Widerständlern, gläubigen Reichenhaller Soldaten und Schweizer Wirtsseelen

Exakt zwei Rollen fehlen mir noch. Alle anderen durfte ich über viele Jahre im Krippenspiel zur Kindermette in Partenkirchen übernehmen: diverse Hirten, Volk von Nazareth, den römischen Gesandten, der zur Volkszählung aufruft, und den bösen Wirt. Sogar zum Joseph bin ich am Ende aufgestiegen. Nur zwei Rollen gingen sich nicht aus. Können Sie es sich denken? Richtig. Maria und Jesus. Auf die warte ich noch. Ansonsten war ich jedes Jahr im Einsatz. Die Tischler Tine und die Heymes Kathrin haben im November »eingsagt«. Dann wurde sich im Pfarrheim getroffen. Der Ablauf blieb über die Jahre gleich, ebenso wie der Text. Und wenn ich noch heute am liebsten am Nachmittag um halb 4 Uhr in der Kindermette sitze, dann kann ich mitsprechen.

Zuerst kommt das Volk zusammen. Dann erklärt der Bote in Rüstung mit der großen Schriftrolle Augustus' Weisung. Darauf beschwert sich Maria, dass ihr die beschwerliche Reise schwanger gar nicht passt. Darauf wandern sie durchs Kirchenschiff los. Szenenwechsel. Herbergssuche mit grantigem Wirt samt Feierabendkapperl und graublauem Schaber (kurze Umbindeschürze für Männer). Kein Einlass. Kinderchor singt: »Wer klopfet an?« Erneuter Szenenwechsel: Die Hirten ruhen bei den Schafen. Freilich in bayerischem Loden mit selbst geschnitzten Stöcken und echten Schaffellen. Auftritt der großen Engelsschar. Mindestens 20. Die Kleinsten drei Jahre. Einer sogar mit Geige. Alle in Gold und Weiß und mit Flügeln. Der Stern erscheint über dem Himmelsprospekt. Verkündigung. Kinderchor singt wieder. »Kommet, ihr Hirten«. Finale: Krippenszene samt Hirten und Engeln mit Jesusfigur.

Danach hieß es durchhalten, bis jede Mama und jeder Papa und ohnehin jedermann noch ein Foto geschossen hat. Andächtig schauen und freundlich lächeln. Beinwechsel bei taubem Knie als Hirt. Blickwechsel von Joseph zu Maria, zum Kind, zum Publikum. So lief das jedes Jahr – und ich möchte keines davon missen.

Eine Attraktion für die Kinder: Das Kamel der Heiligen Drei Könige, Komparse einer lebenden Krippe am Christkindlmarkt im Tierpark Hellabrunn in München, 1999

Dass das Jesuskind nicht echt ist, versteht sich. Außer im schwäbischen Erbach. Dort nimmt man tatsächlich seit 25 Jahren ein echtes Baby. In Andechs werden in der Lebendkrippe dafür (zumindest) echte Tiere gezeigt. Ochs, Esel und Schafe stehlen da den echten Darstellern manchmal direkt die Schau. Und zwischen echt und unecht verläuft im Grunde auch die Grenze zwischen Krippe und Krippenspiel, deren Ursprünge eng miteinander verwoben sind. Die Menschen konnte das Lukas-Evangelium lange Zeit nicht lesen. Also musste man es ihnen vorlesen. Wobei das Lateinische auch niemand verstand. Also: Verbildlichen. Das kann im Gemälde, im Relief und in der Figurengruppe schon gut funktionieren, doch wirklich lebendig wird es durch die Verkörperung. Das Gegenstück zur Oberammergauer Passion spielt die Geburt Christi nach und macht sie damit menschlich greifbar. Und auch in der Passion gibt es schließlich die lebendigen Bilder, die die Vorgeschichte zum österlichen Martyrium erzählen.

1223 wird gemeinhin als Jahr der Uraufführung eines Krippenspiels angenommen. Im Wald bei Greccio nördlich von Rom soll niemand Geringeres als der heilige Franz von Assisi persönlich die erste Theaterversion der Geburtsszene inszeniert haben. Bei dem Tierprediger waren freilich Ochs und Esel – wie in Andechs heute – echt. Und den Erzähler mimte der Ordensbegründer und Armutsprediger sogleich selbst. Mit durchschlagendem Erfolg. Fälschlicherweise schreibt man Franziskus auch die Erfindung der Krippe zu, dabei geht die erste bereits auf das 7. Jahrhundert in der Kirche Santa Maria Ad Praesepe (»Die heilige Maria an der

Krippe«) in Rom zurück. Dort findet sich bis heute eine Reliquie der Urkrippe zur Ansicht. Aber das Spiel dazu hat der Franzikus wohl wirklich erfunden.

Die Tradition, die er begründete, zog sich über die Jahrhunderte hinweg bis zu neuzeitlichen Dichtungen, die die Weihnachtsgeschichte als Bühnentext spielbar machen. Ludwig Thomas »Heilige Nacht« gilt dabei als bayerisches Referenzwerk (siehe 7. Dezember), wenngleich hier nur (vor-)gelesen wird. Die Worte aber, die er Maria, Joseph und den teils verbohrt hinterkünftigen, teils beseelt gläubigen Nebenfiguren in den Mund legt, sind unsterblich geworden. Deswegen läuft die »Heilige Nacht« Jahr für Jahr vom Gemeindesaal bis zur Großkirche rauf und runter. Zu Recht!

Eine ungewöhnlich schöne Zwischenform aus Spiel und Lesung samt Tier und Volk gibt es bei der traditionellen Stallweihnacht des Einsatz- und Ausbildungszentrums für Tragtierwesen 230 in Bad Reichenhall. Die Gebirgsjäger der Hohenstaufen-Kaserne nutzen die Haflinger und Maulesel des Heeres sowie die Soldatinnen und Soldaten als Darsteller für das wohl außergewöhnlichste Krippenspiel der Welt. Zunächst nur für die Soldaten, später auch für Angehörige, spielen die Bundeswehrler heute für eine Öffentlichkeit, die ähnlich lange auf Karten wartet wie bei den Bayreuther Festspielen. Vier Jahre sind da üblich. Dabei passen 800 Zuschauer in die Reithalle, samt Orchester und prächtiger Stallkulisse. Zu Stubenmusi wird gelesen und stumm gespielt.

Stallweihnacht der Tragtierkompanie Bad Reichenhall samt Mensch und Tier bei einer Aufführung 2019 vor vollem Haus

Auch Schafe und Alphörner gesellen sich zu den Darstellersoldaten, die Uniform und Tarnfleck gegen Lodenüberwurf und Engelskostüm eintauschen. Außergewöhnlich!

Welche Kraft ein Krippenspiel unter den widrigsten Umständen entfaltet, beweist die Geschichte von Alma de l'Aigle, die 1940 mit einer Horde Kinder während des Kriegs von Hamburg ins oberpfälzische Tirschenreuth evakuiert wurde. Im Kloster Sankt Peter fanden sie Unterschlupf, doch an eine christliche Weihnacht war unter der Diktatur der Nationalsozialisten nicht zu denken. Als Akt von »geistigem und geistlichem Widerstand« aber – wie es die Forschung später bezeichnete – improvisierten sie vor Ort ein Krippenspiel. Aus einer weißgelben Fahne wurde ein Kostüm für die Maria geschneidert, Laternen dienten als Kulisse und der Glaube der Kinder erzeugte eine Kraft, die das Werk aus finsterster Vergangenheit mit neuem Glauben füllte. Franz Busl zeichnete nach, wie das Tirschenreuther Krippenspiel nach dem Zweiten Weltkrieg neu belebt wurde und bis in unsere Tage aufgeführt wird. Dabei erzählt man die christliche Geschichte ebenso wie den Kontext der Uraufführung während der Kinderlandverschickung im Zuge des NS-Regimes. Die Botschaft gleicht sich. Frieden soll herrschen unter den Menschen und unter den Völkern.

Heiterer geht es in einer wunderschönen Anekdote von Eugen Voss aus dem Schweizerischen zu: Mit viel Tamtam wird von den dortigen Kindern der Kirchengemeinde das Krippenspiel aufgeführt. An der Stelle, wo der selbstsüchtige Wirt das heilige Paar fortschicken, da passiert eine katastrophale und überraschende Wendung. Nicht einmal Pfarrer und Souffleur können dem Einhalt gebieten: Maria und Joseph bitten um Einlass. Der kleine Bollinger als Wirt soll eigentlich die Tür zuschlagen und »Kein Platz!« rufen. Stattdessen strahlt er über das ganze Gesicht und fordert herzlich auf: »Ja, ja, chömed nur ine, ihr liebe Lüüt!« Verwirrt treten die Darsteller ein. Der Wirt verriegelt die Tür und das Spiel setzt aus. Besser gesagt es endet. Denn der Pfarrer lässt singen, man tuschelt und kurze Zeit später wird der textunsichere Wirt Bollinger zur Rede gestellt. Warum er denn seinen Satz nicht richtig aufgesagt habe? Warum er das ganze Spiel scheitern ließ? Was denn mit ihm los sei? Schüchtern und kleinlaut erklärt sich der wahrlich brave Bub: »Ich ha doch nüd anders chönne. Es sind so liebi Lüüt gsi. Und sie händ mi so duuret.« Was soll man da noch tadeln? Wenn selbst der Wirt während des Krippenspiels die Herbergssucher bedauert und der Geschichte aus Menschenliebe eine neue Wendung gibt, dann ist die wahre Weihnachtsbotschaft nicht vergessen.

Spielende Widerständler, gläubige Barrasler, brave Schweizer und lebendige Andechser. Das Mysterium der Weihnachtsgeschichte entfaltet sich im Krippenspiel eben besonders einfühlsam. Das weiß ich aus eigener kindlicher Erfahrung. Ah ja. Eine Rolle hab ich übersehen: Den Verkündigungsengel bei den Hirten. Der fehlt mir auch noch. Zumindest den würde ich doch gerne noch einmal übernehmen.

Die Engel verkunden den Hirten auf dem Feld die Geburt Christi. Nur die Goaß und ein Lamperl verschlafen die frohe Kunde … Aus dem »Hortus Deliciarum«, einer Enzyklopädie der Äbtissin Herrad von Landsberg, um 1180

Adventsmusik samt Sangesfreuden und Stimmkrisen

Können Sie singen? Also richtig mit Noten, mehrstimmig und so? Wirklich? Ich nicht. Aber an Weihnachten spielt das keine Rolle. Da darf gesungen werden. Allein, in der Familie, im Chor, in der ganzen Gemeinde. Je mehr Stimmen meine relativieren, umso besser. Wer stimmt nicht in der Mette aus voller Kehle das »Kommet ihr Hirten« an und singt nicht leise andächtig beim abschließenden »Stille Nacht« mit? Wer trällert nicht im Chor »Last Christmas« bei der Weihnachtsfeier, bis das Wham zum Wums wird? Singen verbindet, gesundet und erfreut. Nur eben meine Stimme deutlich weniger als andere. Aber genug davon.

Wir müssen an dieser Stelle über Wunsiedel sprechen. Hätten Sie gewusst, dass aus der abgelegenen Oberpfälzer Festspielstadt an der tschechischen Grenze ein Teil von »O du fröhliche« stammt? Den Ursprung von »Stille Nacht« kennt mittlerweile ein jeder, weil die Salzburger diese unberufen schöne Geschichte aus Oberndorf seit 1818 gescheit vermarkten. Anders ist das beim sechs Jahre jüngeren Lied »O du fröhliche«. Die Strophen zwei und drei steuerte der Wunsiedler Johann Heinrich Christoph Holzschuher (1798–1847) bei, ein Spottdichter und wahrlich nicht vom Glück Verfolgter, der mit 49 Jahren an der Tuberkulose verstarb. Aus einem sizilianischen Fischerlied für die Madonna (»O Sanctissima, o purissima«), das via Johann Gottfried Herder nach Deutschland kam, dichtete der Weimarer Sozialpädagoge Johann Daniel Falk ein sogenanntes Allerdreifeiertagslied. Das heißt, es lässt sich gleichermaßen an Weihnachten, Ostern und Pfingsten singen. Jeweils eine Strophe zur gleichen Melodie. Wenn wir uns an den Text erinnern, lässt sich dieser leicht anpassen:

> »O du fröhliche, o du selige,
> gnadenbringende Weihnachts-/Oster- oder Pfingstzeit!
> Welt ging verloren, Christ ist geboren / gestorben / aufgefahren:
> Freue, freue dich, o Christenheit!« und so weiter.

Holzschuher hat nun die Strophen zwei (Ostern) und drei (Pfingsten) einfach auf Weihnachten um- beziehungsweise zurückgedichtet. Seine bekannten Verse lauten bis heute:

»O du fröhliche, o du selige,
gnadenbringende Weihnachtszeit!
Christ ist erschienen, uns zu versühnen:
Freue, freue dich, o Christenheit!

O du fröhliche, o du selige,
gnadenbringende Weihnachtszeit!
Himmlische Heere jauchzen
Dir Ehre: Freue, freue dich, o Christenheit!«

Der gregorianische Choral »Puer natus est« aus dem Graduale des Bamberger Klarissenklosters um 1500

Und Wunsiedel und die Region Fichtelgebirge freuen sich bis heute über ihren nahezu unbekannten Dichterfürsten, dem zumindest eine Gedenktafel an einem Wirtshaus gewidmet wurde.

Bayern ist ebenso wie sein österreichischer Nachbar besonders reich an Liedern zum ganzen christlichen Jahreskreis. Das älteste deutsche Weihnachtslied wird im Kloster Benediktbeuern bewahrt. »Puer nobis nascitur« (»Ein Kind ist uns geboren«), ein gregorianischer Choral, stammt aus dem frühen Mittelalter. Die meisten Volkslieder wurden im 18. und 19. Jahrhundert von Lehrern und Priestern komponiert. Nun sang das Volk auch außerhalb der Kirche. Die Menschen sangen, die Menschen vergaßen. Die meisten dieser alten Lieder sind verschollen. Alle? Nein, denn überzeugte Sammler und Musiker wie der Kiem Pauli hüteten oder hoben den Sangesschatz. Besagter Pauli begründete 1946 an der Ludwig-Maximilians-Universität München das erste Adventssingen. 1951 veröffentlichte er für jedermann das »Alpenländische Weihnachtsliederbuch«.

Auch ein Blick ins Archiv des Bayerischen Rundfunks zeigt »übermütige Musikalität« im adventlichen Chiemgau in den frühen 60er-Jahren. Alois Kolb filmte 1963 Andachtsjodler und Bauernmesse im Alpenpanorama. Er porträtierte aus heutiger Sicht wundervoll nostalgisch den Männergesangsverein Concordia, den Luger Sepp ohne Sohn (Stimmbruch), aber mit Tochter am Hackbrett, und die Boiern Dirndln Olga und Monika beim Singen von »Nikolo bum bum« vor einem geschmückten Christbaum am Kachelofen. Selbst aufgemascherlt wie ein Christbaum freuen sich die Ruhpoldingerinnen an der Musik, gerade »weil sie diese nicht zum Beruf gemacht haben«.

So hält es auch Angelika Funk vom Walchensee. Obwohl sie regelmäßig auftritt, singt, Zither und Okarina beherrscht, spielt sie nur der Freud und der Weihnacht wegen. Sie sagt: »Am Advent und der weihnachtlich bayerischen Musik gefällt mir, dass sie direkt zum Herzen geht und in ihrer Einfachheit so gut zum Advent passt. Da bleibt viel Spielraum fürs Nachdenken und sich Besinnen.«

Auch im Jahr 2022 findet sich noch immer ein Publikum für ein Adventskonzert, gerade mit alter und klassischer Stubenmusi. Hört man Angelika, ihrem Mann Peter und den Mitgliedern ihrer Stamperlmusi beim »Okarina Landler« oder bei »Vergiss mi net« zu, dann ist das Stimmung pur. Ohne Pathos. Und auch der Nachwuchs lebt die adventliche Musik. Johanna (14) und Xaver (12) Pongratz aus Partenkirchen singen im Zusammenspiel aus Harfe und hellem Knabentenor »Geht's mit mir nach Bethlehem« und »Jetzt kommt die heilige Weihnachtszeit«. Einfach schee. Da braucht es keinen Tölzer Knabenchor mehr. Beide Ensembles findet man unter anderem unter dem Suchbegriff »Werdenfelser Weihnacht« bei Youtube (siehe auch 7. Dezember). Hier zeigen zwei Generationen, dass das Liedgut und die traditionelle Volksmusik gerade in letzter Zeit lebendiger und fröhlicher denn je sind.

Und wenn ich singe, dann weinen die Engel. Aber das Schöne am Advent ist doch, dass wir ohne Scham und Scheu zusammen singen dürfen. Und wenn es selbst bei »Last Christmas« wackelt, dann hören wir einfach zu, summen leise, lassen die Profis und die Liebhaber ran und genießen. Im Refrain.

Johanna und Xaver Pongratz, geschwisterlich vereint bei der Adventsmusi

Gebildbrote, Kletzensepp und verhutzelter Stollenschmecker: Freihändiges Backen mit Effekt

Manchmal ist es mit bösen Geistern wie mit der Verwandtschaft: Sie suchen einen heim, schleichen ums Haus, tauchen immer zum falschen Zeitpunkt auf und sorgen für böse Träume. Sie haben aber auch gemeinsam, dass man sie mit den richtigen Tricks besänftigen kann. Süßes Backwerk hilft bei beiden Heimsuchungen gleichermaßen. An Weihnachten kündigt sich die Verwandtschaft zwar normalerweise an oder man erwünscht sich sogar deren Besuch. Geister kommen wie Albträume eher unangekündigt. Passendes Gebäck aber hebt die Stimmung in beiden Fällen.

Faun oder Sparifankerl? Ein freches, witziges Gebildbrot allerweil

Ein traditionelles Backwerk in diese Richtung sind die mittelalterlichen Gebildbrote, aus denen heutige Hefezöpfe und auch der Stollen hervorgingen. Um Dämonen zu besänftigen, opferte man aus heidnischer Tradition gebackene Stellvertreter in Menschen- oder Tierform. Hier wird eine Linie bis zu antiken Brandopfern gezogen, nur dass man als »Herrgottsbscheißerle« eben keinen echten Menschen, sondern den Hefeteigwiedergänger als probateres Mittel den Albgeistern überlässt. Für die bösen Kräfte musste es auch nicht schmecken. Wasser, Hefe und Mehl reichten. Dann aber entwickelte sich das Kunstbackwerk mehr und mehr zum Präsent und zur Attraktion. Ab dem 17. Jahrhundert griff man schließlich selbst oder die bucklige Verwandtschaft zum Gebildbrot und postwendend wurde dieses immer süßer. Die bösen Geister traten in den Hintergrund und geblieben sind kunstvolle Teigfiguren. Die klassische Stollenform erinnert dabei an die Krippe, »Nikolomandeln« (teils wirklich mit Mandeln bestückt) verkörpern nun positive Heilige und das Gebildbrot landete teils als Schmuck am Baum, teils verpackt als Präsent und teils direkt im Magen des Bäckers oder Vetters. Nun formte man Märchen- und Fabelwesen, Engel und sogar das ganze Krippenpersonal samt Ochs und Esel.

Eigentlich werden Gebildbrote freihändig geformt oder geflochten. Der Zopf erinnert freilich an weibliches Haar. Aus Sesam oder Mohn wird bei Figuren dann wiederum Bart oder Fell modelliert. Oftmals sind diese Kunstwerke viel zu schön zum essen. Später benutzte man hölzerne und wiederum später metallene Modeln zum formschönen Bilden der Süßbrote. Durch dieses Pressen entstand der Spekulatius, als dessen Namensgeber man den »episcopus speculator« herbeispekuliert. Das bedeutet »ausspähender Bischof« und ist natürlich ebenfalls der Nikolaus.

Der Stollen wiederum ist aus Sachsen seit 1329 belegt und als Striezel nach Bayern eingewandert. Hierbei kann der Stollen sowohl die Krippe wie das Fatschenkindl darstellen und war pikanterweise ursprünglich ein sogenanntes Spaltgebäck. Damit ist ein mittelalterliches Aphrodisiakum gemeint, womit es mit der unbefleckten Empfängnis schnell schwierig wird. Und in den Dresdner Stollen gehört deutlich mehr als Hefe, Mehl und Wasser. Kardamom und Muskatblüte, Rosinen, Mandeln, Bittermandelöl, Orangenabrieb, Zitronat und viel Butter, die man mit (Vanille-)Zucker anreichert. Da ist der Lustgewinn doch gleich mit der Teigbatzelei verknüpft.

Hefezöpfebattterie schmackhaft glänzend

Glätter Anschnitt, saftige Füllung: ein prächtiges Kletzenbrot

Holzmodeln zum Formen von Spekulatius- oder Springerle-Gebäck

Puritanischer geht es beim Trockenobst zu. Am Thomastag wiederum backte man das Kletzenbrot aus gedörrten Birnen, die man eben als »Kletzen«, aber auch als »Hutzeln« bezeichnet. Das Brot hielt sich ewig – in Zeiten ohne Kühlschrank ein Segen. Die schönen bayerischen Semikomplimente des »Kletzensepps / Gläznbenes« und der »verhutzelten Alten« erhalten sich als Ausdruck eher ausgemergelter, dem Dörrobst ähnlicher Äußerlichkeiten bei älteren Mitmenschen, wo wir wieder bei der buckligen Verwandtschaft wären. Als »Kletzenklopfer« oder »Kletzei« bezeichnete man bittende Kinder, die an der Haustür singenderweise besagte Kletzen einforderten (vergleiche 9. Dezember).

Wie ist es denn bei Ihnen? Mögen Sie überhaupt Stollen? Das Gebildbrot ist landein, landaus rar geworden. An Ostern kennen wir noch Lammperl und Hasen nach alter Gebildbrotform, wobei auch diese meist aus der Metallmodel kommen und nicht frei Schnauze zusammengemodelt werden. Spekulatius erfreuen sich in hoher Stückzahl großer Beliebtheit, wobei wir ehrlich sein wollen: Gewürz ist besser als Butter. Kletzenbrote suche ich nicht unbedingt, aber Stollen … die mag ich fast am liebsten. Von der Tante Grethi aus Tirol gebacken oder in der Variante von der Mama mit Topfen oder zerkleinertem Orangat. Das ist ein Traum! Und den teile ich gar nicht so gerne mit den Verwandten. Und Dämonen würde ich diesen Traum von einem Backwerk erst recht niemals überlassen!

»Wenn ma no scho gmetzget hätt!«: Schlachttag, Mettensau und schweinischer Diebstahl

Und was gibt es bei Ihnen am Heiligen Abend? Würstel mit Kartoffelsalat, Gans oder Karpfen? Selbst der über den Jahreskreis eingeschworene Veganer wird an den Festtagen manchmal schwach. Aber bio soll es schon sein. Schließlich gehören fleischliche Genüsse neben den ganzen Süßigkeiten für viele zum 24. Dezember und zu den Feiertagen dazu.

Welche Bedeutung dabei der »Weihnachter« hat und wie wichtig die wohlgenährte »Mettensau« ist, davon berichten bayerische Bräuche ausführlich. Überzeugte Vegetarier sollten diesen Text vielleicht überspringen oder als Zeugnis längst vergangener, gichtig völlender Esskultur lesen. Wer übrigens der Gans den Vorzug gibt, der mag bei Oskar Maria Graf und seiner saftig-gscherten Geschichte (siehe auch 7. Dezember) nachlesen. Im Folgenden steht das Schwein im Mittelpunkt.

Thomastag war Stichtag. Im wahrsten und brutalen Sinne des Wortes. Nachdem im Advent brav und fleischlos gefastet wurde, stachen an diesem Tag Bauern und Metzger ihre sogenannten Mettensaue ab. Und die wurden voll verwertet. From nose to tail: Schulter, Braten, Filet, Haxe, Speck, Knochen, Mark und Bauch. Kopf und Füße in den Presssack, das Schwanzl mit Kren direkt auf den Tisch, das Blut in die klassische Mettensuppe, eine kräftige Fleischbrühe mit Blutwurst und Kraut, zum Verzehr nach der Christmette. Daher Mettensau und -suppe. Das Schwein nimmt nur mehr in Gedanken an der Messe teil.

So kommt zum Vorweihnachtstrubel auch noch ein großer Fleischerakt, wie wir vom Kemptener Korbinian (ein Pseudonym) 1968 in tiefster Allgäuer Reimform erfahren:

Ansichtskartenhumor um 1900: Bauer (links) beim gemeinschaftlichen Wiegen

»Und so gohts von friah bis spät.
Wenn ma no scho gmetzget hätt!
Wäsche sottn ma o dia Woche,
bigle, brote, siade, koche! […]
Alls isch außer Rand und Band –
Isch dös a Duranand.«

Und das Durcheinand wird noch durch hoch kriminelle Schweinediebe ergänzt. Es galt jahrhundertelang als Volkssport, die über das Jahr liebevoll gemästete Mettensau zu stehlen, um auf Elsternart zu metzgern ohne zu mästen. Josef Schlicht beschreibt in einer kleinen Kulturgeschichte des häuslichen Metzgerhandwerks wunderbar die Bedeutung des »Weihnachters«, wie die Sau auch betitelt wurde. Am Gewicht lässt sich der Reichtum des Bauern ablesen, wobei selbst der Tagwerker gerne noch auf einen satten »Dreiviertelszentner« kommt. Um diesen vor Dieben zu schützen, wird der bauernschlaue Landwirt einfallsreich und der Anekdotenschatz ist unermesslich. Aus Isarmünd weiß der Heimatforscher Josef Schlicht zu berichten, dass ein dortiger Bauer aus Liebe zur Sau mehrere Nächte bei ihr im Stall im Stroh zubrachte, damit sie nicht gestohlen und fremdgeschlachtet wurde. Zwar schlief er ein, doch hielten die Diebe den schlummernden Beleibten selbst für das Schwein, wollten ihn stehlen, er erwachte und vertrieb das Diebsgesindel lautstark und saustolz. Der Weihnachtsbraten war gerettet. Ein niederbayerischer Gäubauer vertäute sich anscheinend sogar mit der Sau, indem er »nagelneue Groschenstricklein« an seine beiden großen Zehen und an die Sau band, damit man im Fall des Falles das Schwein nur mitsamt ihm wegtragen könnte. Auch diese Sau war vor Diebstahl, aber nicht vor dem Schlachttag sicher.

Sicherer waren die Hasen in der Christnacht. Zwar schien es in der Oberpfalz beliebt, zur Heiligen Nacht wildern zu gehen. Schließlich waren Gendarm und Jäger in der Mette. Doch der verbotene Pirschgang rief die Magie auf den Plan. Mehrere Sagen aus dem Zellertal und aus Kötzting beschreiben das Aufeinandertreffen von Hasen und Schützen im verschneiten Wald. Will der abdrücken, machen die Meister-Lampe-Horden Männchen und beschweren sich über den unchristlichen Jagdversuch, verscheuchen die Wilderer und bleiben am Leben. Wer schießt auch am Heiligen Abend einen Osterhasen? Also gibt es auch in der Oberpfalz »Brühsubbn« mit »vielen Fettringlein« obenauf und »dicken Plunzen«, wie der Sagensammler mit dem wunderbaren Namen Xaver Siebzehnriebl 1922 aus Neukirchen beim Heiligen Blut beschreibt. Aus Weiden kennen wir die »Bauernseufzer«, dunkel geräucherte Schweinswürstel, die in der Mettensuppe versenkt werden.

So ein schweres Festessen wird zum Festtag mit diversen Schnäpsen verdaut. Beim Schlemmen wird gelacht und die Stimmung nach der langen Abstinenz und Fastenzeit erreicht einen Höhepunkt, weswegen der Weidener sogleich das bäuerliche Sprichwort ergänzt: »Geh, machts doch net gar so a Mettn!« Aber hingehen sollte man schon! Denn traditionell wird auch an Heiligabend gefastet, bis nach dem Kirchgang dann schweinisch getafelt werden darf. Nur der Bauer mag von der Messe entschuldigt sein, hängt er noch an der Sau.

Heutzutage ist die Komplettverwertung durch Direktvermarktung ab Biobauernhof wieder en vogue, weswegen auch die Mettensau aus gepflegtem Umfeld als Suppen- und Einlagengrundlage vielerorts ein schweinisches Revival feiert. Als Neujahrsvorsatz darf dann ja wieder vegetarisch gefastet werden.

Schlaraffenlandträume in Kriegszeiten 1915 im Ansichtskartenformat: Schweine, Würste und Lebkuchenbaum samt Vivisektion

Schwein gehabt: ein Traum von Sau samt stolzem Mäster. Ansichtskarte um 1900

Vom Paradiesbaum zur Doppeltanne: Eine kleine Geschichte des Christbaums

Wahrscheinlich haben wir ihn in Bayern dem Hause Wittelsbach zu verdanken. Das also auch noch. Neben Oktoberfest, Neuschwanstein und Hofbräuhaus wurde wohl auch der Christbaum im 19. Jahrhundert von den Wittelsbachern in Bayern eingeführt. Allerdings von den königlichen evangelischen Gattinnen – wahlweise von Max I. Joseph oder Ludwig I. Was Genaues weiß man da nicht. Damit ist es entweder ein badensischer oder sächsischer Kulturimport, der sich jedoch schnell in Bayern durchsetzte. Über die Weihnachtsbegeisterung von König Ludwig II. ließe sich ein eigenes Buch schreiben, liebte er doch das Schenken, Dekorieren und Vorfreuen, wie er in einem Brief an den Vetter in Hessen-Darmstadt beschreibt: »Nun nahen ja wieder die theuren Weihnachtswochen, die ich stets mit gleicher Freude begrüße; sie gehören doch immer zu den schönsten des Jahres!« Und er liebte seine Christbäume. Das erklärt vielleicht unter anderem auch, warum die Wittelsbacher bis heute die Bedeutung des Christbaums dermaßen schätzen. Nicht nur vor Schloss Nymphenburg prangt da ein prächtiger Lichterbaum, sondern auch in den privaten Gemächern des amtierenden Herzogs Franz von Bayern im Ostflügel. Somit handelt es sich hier quasi um einen königlich-bayerischen Amtsbrauch.

Die Geschichte des Weihnachtsbaums außerhalb von Bayern ist deutlich älter. Und die Christbaumforschung streitet über den Ursprung, der ins Germanische, ins Heidnische und ins Evangelische zurückgeht. »Julbäume« und »Wodansbäume« gab es bereits im Sagenkreis vorchristlicher Zeit, nur waren es damals eher Welteschen, die wenig mit Weihnachten zu tun hatten.

Christbaumschmuck mit typischer sogenannter Berchtesgadener War: filigrane Drechslerkunst in langer Tradition

Andere Forscher gehen dagegen von römischen Ursprüngen aus. Sinniger ist die Herleitung vom Paradies- und Lebensbaum, der auf die Vertreibung aus dem Paradies anspielt und der uns schon beim Paradeisl begegnet ist (1. Dezember). Dieser stand in der Nähe des verflixten Baums der Erkenntnis, der in der Folge des Apfelverzehrs das Paradiestürl für Adam und Eva nachhaltig zusperrte. Adam schmuggelte aber Samen vom Lebensbaum mit nach draußen, pflanzte diese ein und der gewachsene Koloss machte Geschichte. Dreierlei sogar, der Legende gemäß: Moses schnitt daraus seinen Zauberstecken, der Wasser aus dem Stein in der Wüste fließen ließ; Joseph brach daraus einen Ast, als er um Marias Hand bat und schlussendlich wurde der Stamm später fürs Kreuz ihres Sohnes benutzt. Dessen Tod wiederum öffnet das Paradies erneut und der Kreis schließt sich, ist er doch am Kreuzbaum die kostbarste Frucht des Christentums.

Im christianisierten Mittelalter erinnerte man sich dieser Szenen zunächst mit immergrünen (also unsterblichen) Ästen, die zur Weihnachtszeit in die Häuser geholt wurden. Später bündelte man Tannenreisig und schon hingen da ganze Bäume von der Decke. Zwar noch ohne Schmuck und Lichterkette, doch bald gesellten sich zum Nadelgeäst der ein oder andere Apfel und eine Oblate als Erinnerung an Christus. 1561 schließlich sind erste Christbäume nach neuzeitlicher Fasson im Elsass belegt und 1590 haben wir den ersten Beweis für Christbäume im Bayerischen Wald. Genauer gesagt in Schwarzach, weil sich der dortige Pfarrer, ein wahrer Savonarola, noch über den heidnischen Brauch mokierte.

Christbaumschmuckbewunderung am Münchner Christkindlmarkt in den 1950er-Jahren. Fotografie von Paul Ernst Rattelmüller

Nun fehlen nur mehr die Kerzen und der Trend zum Zweit- und Drittbaum. Auch dieser stammt nicht aus der Balkonkultur unserer Tage, sondern datiert aufs 18. Jahrhundert zurück, als das baumverliebte Bürgertum jedem Mitglied des Hausstandes an Heiligabend seinen eigenen Baum samt Bescherung widmete: Größendifferenziert und auf die Wuchshöhe des Beschenkten abgestimmt erhielt so das Kind ein Bäumchen und der Papa eine mannshohe Tanne. Deutlich verbreiteter war dies in evangelischen Familien, und jetzt kommen die protestantischen Wittelsbacher Königinnen Therese und Karoline ins Spiel, welche selbigen Brauch vermeintlich zwischen 1799 und 1811 ins katholische München trugen und damit nachhaltigen Erfolg hatten. Sachsen oder Baden sei Dank!

Erst im späten 19. Jahrhundert setzte sich der Baum als städtisch bürgerlicher Brauch dann jenseits der Residenzen durch und dieser breitete sich dann im 20. Jahrhundert auch auf das Land und zu heutiger Popularität aus. Lange sah man die »heidnische Unsitte« vom Baum, welche die Protestanten und Städter da pflegten, für nicht nachahmenswert an. Schulmeister etablierten dann auch auf dem Land oftmals den Baum im Zentrum des Ortes und später dann in der guten heimischen Stube. Im Berchtesgadener Land bringt übrigens nicht der Herr Lehrer, sondern der Nikolo höchstpersönlich beim Zweitbesuch am 24. Dezember den Baum. Weihnachtsbaummann quasi.

Hier bringt das Münchner Kindl persönlich den Christbaum. Ansichtskarte 1902

Parallel zur allgemeinen Verbreitung des häuslichen Baumschmucks versah man an Heiligabend auch die Gräber auf dem Friedhof mit kleinen Bäumen, um das Weihnachtslicht und die Erinnerung an die Ankunft des Messias als Grundlage der Auferstehung auch zu den Toten zu tragen.

Bei uns daheim sucht immer die Mama den Baum beim Allgäuer Stammdandler aus. Jedes Jahr! Einen großen für die Stube und einen kleinen für den Friedhof. Heimschleppen darf ihn dann ich. Auf dem Balkon muss er sich aushängen und früher wurde er strikt am Abend des 23. Dezember geschmückt. Mittlerweile rückt dieser Tag immer weiter nach vorn, damit mein an Weihnachten traditionell aus London anreisender Bruder ein bisserl mehr vom Christbaum hat. Mein verstorbener Vater hat sich in Bezug auf den Schmuck übrigens jahrelang sehnlichst einen weiß-blauen Baum gewünscht. Nicht wegen Bayern, sondern wegen den Sechzgern. Doch dieser Wunsch wird ihm wohl erst jetzt im Paradies beim gleichnamigen Bäumerl erfüllt – unser Erdenbaum blieb klassisch rot-gold. Und ja, auch bei uns war früher mehr Lametta. Dieses werfen wir aber nur mehr aufs Friedhofsbäumerl, das auch bei uns jedes Jahr an Heiligabend ent-

Da stand er schon immer, der Münchner Christbaum, auf dem Marienplatz – in den 1930er-Jahren und heute auch.

zündet wird. Mittlerweile mit elektrischem Licht, weil die Menschenkette aus fünf sich um den Baum drängenden Bräus bisher nie ausreichte, um die Kerzerl gegen den traditionellen Weihnachtswind zu verteidigen, der immer gegen 17.30 Uhr am Friedhof aufkommt. Danach wird daheim ausführlich der große Baum gelobt. Und so läuft es doch in jeder Familie ab.

Der Brauch um den Christbaum hält sich unwidersprochen am Leben und breitet sich weiter und weiter aus. Finden Sie heutzutage ein Geschäft, einen Marktplatz oder eine Familie ohne Erst- / Zweit- oder Kunstbaum? Klassisch mit Strohsternen, Äpfeln und Nüssen geschmückt, wahlweise mit Kunststoffmaßkrug und Buzikugel, bunt oder uni, elektrisch blinkend oder mit echtem Kerzenlicht. Der Christbaum existiert mittlerweile sogar nachhaltig und bio als Lebendbaum oder besonders ausgefallen als Pampasgrasbaum. Und er lebt fort. Welch ein royaler, folglich demokratisierter Brauch, auf den sich ganz Bayern und die Welt andächtig verständigt! Den Wittelsbachern sei Dank. Zumindest für Bayern.

Tourismusmagnet und Instaspot: Winterzauber mit Christbaum am Plönlein in Rothenburg ob der Tauber

Räuchern hilft, erfrischt und lässt die Räume segensreich duften! Eine Anleitung zum Selbstversuch

Verwechseln Sie bitte auf keinen Fall Rauh- und Rauchnächte. Die Rauhnächte dauern vom ersten Weihnachtsfeiertag bis Dreikönig, und mit dem richtigen Essen (Linsen für das Geld und so weiter) bescheren sie Glück. Rauchnächte sind zum Räuchern bestimmt, auch wenn dies gern erst an Heiligdreikönig stattfindet. Damit ist nicht der Zigarrennachmittag gemeint, sondern die erneute Vertreibung der vorher beim Perchtenlaufen hervorgerufenen Geister und Dämonen. In der Thomasnacht etwa ging man mit Wacholderbeeren in der Räucherpfanne umher, um die gefährliche längste Nacht samt ihrer teuflischen Gesellen in Schach zu halten. Andernorts wird am Heiligen Nachmittag vor dem Abend das ganze Haus samt Bewohnern ausgeräuchert, nicht etwa Beinschinken und Forellen. Das kam später. Das rituelle Umhergehen mit Weihrauch und das darauffolgende Besprengen mit Weihwasser werden durch Gebete und Bittsätze ergänzt, die Unheil abwenden sowie Glück und Segen für das neue Jahr – beginnend mit der Weihnachtszeit – herbeiholen.

Möchten Sie es einmal probieren? Oder praktizieren Sie bereits fleißiges Räuchern? Als Anleitung lassen wir Profis zu Wort kommen und ermöglichen gleich eine Shoppingreise der besonderen Art. Los geht es.

Beim uns bereits bekannten Kreuther Bauern Stadler (siehe 3. Dezember) wird jedes Jahr konsequent geräuchert. »Wir verjagen damit die bösen Geister und schauen, dass es den Viechern wieder gut geht. Ich brauche weniger den Tierarzt, und die Viecher sind gut zu mir. Da kommt es mir schon so vor, dass das was nutzt.« Dazu steht der Gschwandler Hias. Auch wenn die Rindviecher ganz schön schauen, wenn da der Bauer mit der Räucherpfanne durch ihren Stall rennt.

Über den Nutzen sicher ist sich auch Kreisbäuerin Christine Singer. Sie hat als kleines Mädel das Räuchern ebenso wie die Bräuche zu den Rauhnächten von den Großtanten Resi und Vicky vermittelt bekommen. Die Schwiegermama und die Oma haben selbstverständlich am Dreikönigstag nach der Kirche und der Weihrauchweihe geräuchert und Dreikönigswasser versprengt.

Auch die Losnächte und Gebote spielen noch eine wichtige Rolle. Samt Stick- und Waschverbot, um Unglück abzuwehren und endlich einmal Ruhe vor der Hausarbeit zu haben (siehe auch Losnächte am 3.12.). Als sie dann als junge Bäuerin auf ihren heutigen Hof kam, war es klar, dass das Räuchern bleibt. Allerdings hat sie sich professionalisiert. Ging sie anfangs noch mit einer einfachen »Gaz«, also einer Schöpfkelle, umher, hat sie mittlerweile ein eigens fürs Räuchern bestimmtes Set aus Pfanne und Kohle, ein Geschenk von der guten Freundin. Was da verbrannt wird, weiß sie genau. Und wann die Kräuter dafür bereitet werden, spielt ebenfalls eine wichtige Rolle. Am Johannestag zupft sie Thymianblätter. Denn dann geben sie besonders Kraft und Mut und das kann man immer brauchen. Für den Duft und die Erfrischung greift sie zu hauseigener Pfefferminze aus dem Garten. Dazu gesellen sich in getrockneter Form noch Salbei, Wacholder, Beifuß, Fichte und Lavendel. Diese reinigen. Stall und Stube werden damit spirituell desinfiziert. Dazu gehört das Lüften danach. Rauch und Luft gehören – nicht nur der Gesundheit und der dicken Luft wegen – zusammen.

Dann ist da noch der Holler, eine Heilpflanze seit Pestzeiten. Der Volksmund sagt: »Vor dem Holler sollst du den Hut ziehen und vor dem Wacholder niederknien.« Die Heilkräuter duften und das Harz bringt den Segen. Neben Myrte wird klassischer Weihrauch zu den Blättern und Nadeln gemischt. Laut Singer kommt die beste Qualität aus dem Oman. Wer zum bayerischen Äquivalent greifen will, dem sei Fichtenharz empfohlen. Und wo kauft man das? Im Klosterladl natürlich. Denn die kennen sich neben dem Hochprozentigen mit dem Geistlichen und Rauchenden besonders gut aus. Ihren Lieblingsduft verrät sie uns auch noch: Styrax. Dazu

Räuchern mit Kräutern und sichtbarer Duftentwicklung

eine Prise Copal und Myrre. Damit schließt sich der Kreis zu den Gaben der heiligen drei Könige. Myrrhe vertreibt die Sorgen und insgesamt gilt beim Ausräuchern: Glück ins Haus, Unglück hinaus!

Für die richtigen Zutaten hat mich meine Tante Kathi bis nach Jerusalem geschickt. Als wir 2019 ins Heilige Land Israel reisten, da fragte ich meine liebe 79-jährige Tante Kathi, was ich ihr denn mitbringen könne. Lange wollte sie nicht damit herausrücken. Keinen Aufwand sollte man betreiben. Dann aber funkelten ihre Augen. Weihrauch! Guten, süßen Weihrauch! Und gesegnet, bitte! Gesagt, getan, gingen wir in der Altstadt Jerusalems ins Fachgeschäft und besorgten besonders guten, aromatischen ägyptischen. Gefeilscht wird dabei übrigens nicht! Da geht es schließlich um Sakrales. Am Heiligen Grab haben wir ihn, wie viele Pilger, dann aufgelegt. Aber die Segnung fehlte noch. In Jerusalem allerdings ist ein Priester nie weit. Ein reizender brasilianischer Pfarrer fand sich bei einer kleinen Pause im Schatten, der sogleich bereit war, den Weihrauch zusammen mit zwei Kreuzen und einem Rosenkranz einzusegnen. Die Frage nach der Sprache der Segnung blieb aber noch offen. Er sprach quasi kein Englisch, wir kein Portugiesisch. Auf Italienisch konnten wir uns einigen. Er sprach ein freundliches Gebet und Tante Kathi hat bis heute einen besonders duftenden Weihrauch aus der heiligsten Stadt im Heiligen Land. Dafür lohnt sich doch eine Israelreise!

Christine Singer hat für ihr Räucherwerk eigene Quellen. Und sie lebt die Tradition. »Freilich is der Brauch eine bunte Mischung. A bissi heidnisch, a bissi christlich. Aus dem bäuerlichen Leben eben«, verrät sie verschmitzt. Und dann wird angerichtet. Ein Stückerl Kohle anzünden, warten bis sich eine Ascheschicht bildet. Dann darauf den Weihrauch, dann Gezupftes vom Kräuterbuschen, vielleicht sogar Sternanis fürs Aroma. Dann beginnt die Prozession. Sie fängt im Keller an, dann durch Stube, Kammer und Kammerl bis hinauf in den Speicher. Danach geht es in den Hühner- und Kuhstall, damit der ganze Hof vom Segen abgedeckt wird. Und wohlig duftet es allüberall gleich mit. »Durch die Ofenkohle aber rachd es gscheid! Obacht!«, warnt Singer.

Zur Räucherzeremonie gehören passende Sprüchlein und Gebete wie dieses Gsatzl, das vom Oberbayerischen bis in die Oberpfalz weit verbreitet ist: »Gott Vater, Gott Sohn und Heiliger Geist schütze dieses Haus und alle, die da gehen ein und aus.«

Außerdem werden die Räume mit Weihwasser besprengt und man trägt ein lichtbringendes Kerzerl durch die Räume. Anno dazumal hat man noch die Kreide, mit der man an Heiligdreikönig das übliche »C+M+B« samt Jahreszahl auf die Türrahmen zeichnet, zerrieben und dann den Tieren unter das geschrotete Futter gemischt. Wie beim kreidefressenden Wolf aus dem Märchen, nur als gegensätzlicher Segen für die braven Haus- und Rindviecher. Ein Räucherpfandl war selten zur Hand. Die besagte »Gaz« half aus oder ein Kohlebügeleisen, mit dem man dann räuchernd jede dämonische Falte in der Luft durch Wedeln glättet. Wie in der Kirche in alle Himmelsrichtungen, bitte.

»In der Adventszeit räuchere ich besonders gern mit Kakaoschalen, Sternanis, verschiedenen Harzen wie zum Beispiel Styrax, oder auch Palo Santo (Holzspäne eines mexikanischen Baumes). So riecht für mich der Advent«, sagt Kreisbäuerin Christine Singer. Tante Kathi räuchert mit dem Jerusalemer Segenswerk. Caspar hatte Weihrauch für die Krippe im Gepäck. Und Sie? Mischen Sie doch einfach etwas und probieren auch Sie es einmal aus!

Heiligabend und Christmette: Höhepunkt und Krönung des Advents

Für Pfarrer Andreas Lackermeier beginnt der Heilige Abend am frühen Morgen mit einem olfaktorischen Hochgenuss. Nach dem letzten Engelamt um 6.30 Uhr gibt es nämlich in der Sakristei traditionell für Ministranten, Messner und Pfarrer Weißwürst. Der Duft von Würstln und Senf mischt sich mit dem Weihrauch vom letzten Rorate und dem Spezi der Messdiener. So wird Kraft getankt vor den anstehenden Kindermetten, Messen und Feiern.

Auch bei mir beginnt der heilige Vormittag traditionell mit Weißwürst. Schuld ist der Baudrexl Toni, der nämlich auch ein Christkind ist. Aber ein spätes mit Jahrgang 1986. Und weil man an dem Tag seinen Geburtstag so schlecht feiern kann, lädt er alljährlich zum Frühstück beim Frauendorfer in der Ludwigstraße in Partenkirchen ein. Fußläufig von Lackermeiers Sakristei begingen wir dabei gern amal zu 20. den heiligen Vormittag in geselliger Runde. Danach wanderte ich viele Jahre zum traditionellen Theaterbrunch der Familie Glas. Da gab es auch Weißwürst. Die aber musste ich dann auslassen, denn von dort ging es pünktlich gleich weiter zur Kindermette, wo man sich mindestens eine Dreiviertelstunde früher schon einen Platz sichern muss. Mit der Mama, meiner Frau Marisa und den Geschwistern schauen wir uns bis heute gern das Krippenspiel der Kleinen mit vielen anderen Großen und Großgewordenen an. Dann heim, umziehen und auf den Friedhof zum Bäumerlschauen. Die Blaskapelle spielt und auf dem Heimweg, wenn es dunkelt, da sieht man dann schon, wo das Christlkindl bereits da war und der Christbaum zur Bescherung brennt. Bei uns wartet das Christkindl immer und jedes Jahr mit perfektem Timing, bis das Weihnachtsessen fertig ist, erst dann wird auch die Bescherung bereitet und wir gehen gemeinsam ins geschmückte, den ganzen Tag freilich verschlossene Wohnzimmer, damit das Christkindl bei der Gabenübergabe auch bloß nicht gestört wird. Dann wird gesungen. »Stille Nacht« zur Ziehharmonika. Früher durften wir noch vor dem ersten Gang ein allererstes Packerl öffnen, weil wir es halt gar nimmer erwarten konnten. Heute wird

Pfarrer Andreas Lackermeier vom Tegernsee an seiner Wirkungsstätte in Garmisch-Partenkirchen

unter genauem Beäugen aller Beteiligten nacheinander geöffnet, nachdem zwei bis drei Gänge genossen wurden. Leider werden die Beteiligten weniger. Die Oma, der Tankstell-Opa, der Bräu-Opa und der Papa fehlen mittlerweile an der Weihnachtstafel. An diese erinnern wir nicht nur am Friedhof gemeinsam. Lang nach dem letzten Packerl, beim Verdauungsschnapserl und nach dem letzten Kipferl, stellt sich dann der Weihnachtsfriede ein. Wie bei den meisten.

Dass der Heilige Abend am 24. stattfindet, hat heidnischen und sogar römischen Ursprung. Das »sol invictus« (unbesiegte Sonne) zur Sonnenwende wurde im augustinischen Rom gefeiert. Der erste christianisierte Kaiser Konstantin widmete dieses dann dem Sonnenlicht des Erlösers um, nachdem seine Mama Helena (später Heilige) das vermeintlich echte Kreuz Jesu in Jerusalem in einer Zisterne fand. Schon waren in Rom Bacchus und Jupiter vergessen und die Dreifaltigkeit zog ein. Weihnachten war geboren. Kalendarisch schließt sich damit der Jahreskreis mit dem Karfreitag, indem Leben und Tod Jesu wie die Schwangerschaft Mariens einen idealen Zyklus von neun Monaten ergeben. Und um aufs Paradeisl zurückzukehren (1. Dezember) gedenken wir gleichzeitig der Ursünde unserer Apfelliebhaber Adam und Eva, deren Vergehen mit der Geburt des Messias ja ausgeglichen wird. Das ist auch der Grund, warum jeglicher Apfelverzehr an Heiligabend verboten war! Bedenken Sie das, wenn Bratäpfel zum Nachtisch verführerisch duften …

Und die Geschenke? Ursprung der Gaben waren die Armen. Denen galten frühchristliche Zuwendungen zur Jahreswende und später zum Fest des heiligen Christ. Wir erinnern uns an die »indulgentia«. Im Biedermeier schließlich adaptierte die bürgerliche Kernfamilie diesen Brauch für die Kinder und die Spielwarenindustrie trat auf den Plan. Die Packerl für die Kinder machten die Erwachsenen neidisch und folglich bescherte bald ein jeder jeden ordentlich und mit einem Päckchenberg unterm Baum. Der Wahlmünchner Erich Kästner beschreibt zärtlich und ängstlich zugleich, wie sich die Eltern mit zwei Bescherungen auf beiden Seiten des Baumes um die

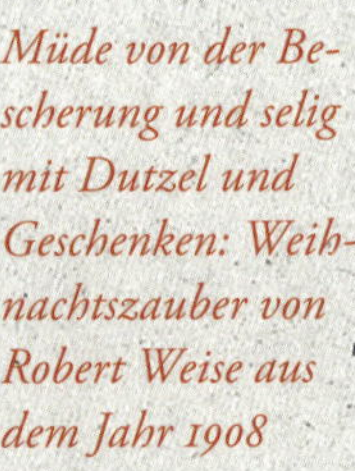

Müde von der Bescherung und selig mit Dutzel und Geschenken: Weihnachtszauber von Robert Weise aus dem Jahr 1908

Weihnachtliche Kapelle in Klais bei Krün, errichtet 1597, Außenbemalung 1961 von Heinrich Biekel

Gunst des Kindes befehdeten. Der Bub ist im Stress, denn er will Mama und Papa die gleiche Aufmerksamkeit und den gleichen Dank schenken. Dabei bringt doch das Christkind die guten Gaben und das Schenken (auch von Kleinigkeiten) soll Freude in Kinder- und Erwachsenenaugen pflanzen. Dessen müssen auch wir uns zwischen der Geschenkpapierschlacht und dem dahinfließenden Weihnachtsgeld immer wieder besinnen. Denn besinnlich soll er doch sein, der Heilige Abend, und kein Übertreffungswettbewerb im Kaufrausch.

Um wen geht es denn eigentlich? Um das Christkind, das bei uns erst an Heiligabend in die Krippe wandert, während die Könige sich vom Kachelofen her auf den Weg machen. Lesen wir nach bei Lukas 2,1:

»Es begab sich aber zu der Zeit, dass ein Gebot von dem Kaiser Augustus ausging, dass alle Welt geschätzt würde. Und diese Schätzung war die allererste und geschah zur Zeit, da Quirinius Statthalter in Syrien war. Und jedermann ging, dass er sich schätzen ließe, ein jeglicher in seine Stadt.

Da machte sich auf auch Joseph aus Galiläa, aus der Stadt Nazareth, in das judäische Land zur Stadt Davids, die da heißt Bethlehem, darum dass er von dem Hause und Geschlechte Davids war, auf dass er sich schätzen ließe mit Maria, seinem vertrauten Weibe; die war schwanger. Und als sie daselbst waren, kam die Zeit, dass sie gebären sollte. Und sie gebar ihren ersten Sohn und wickelte ihn in Windeln und legte ihn in eine Krippe; denn sie hatten sonst keinen Raum in der Herberge.

Und es waren Hirten in derselben Gegend auf dem Felde bei den Hürden, die hüteten des Nachts ihre Herde. Und des Herrn Engel trat zu ihnen, und die Klarheit des Herrn leuchtete um sie; und sie fürchteten sich sehr. Und der Engel sprach zu ihnen: Fürchtet euch nicht! Siehe, ich verkündige euch große Freude, die allem Volk widerfahren wird; denn euch ist heute der Heiland geboren, welcher ist Christus, der Herr, in der Stadt Davids. Und das habt zum Zeichen: Ihr werdet finden das Kind in Windeln gewickelt und in einer Krippe liegen. Und alsbald war da bei dem Engel die Menge der himmlischen Heerscharen, die lobten Gott und sprachen:

Nostalgieansichtskarte mit fliegendem Weihnachtsengel als Baumlieferant – Schmuck inklusive

Ehre sei Gott in der Höhe und

Friede auf Erden bei den Menschen seines Wohlgefallens.

Und da die Engel von ihnen gen Himmel fuhren, sprachen die Hirten untereinander: Lasst uns nun gehen gen Bethlehem und die Geschichte sehen, die da geschehen ist, die uns der Herr kundgetan hat. Und sie kamen eilend und fanden beide, Maria und Joseph, dazu das Kind in der Krippe liegen. Da sie es aber gesehen hatten, breiteten sie das Wort aus, welches zu ihnen von diesem Kinde gesagt war. Und alle, vor die es kam, wunderten sich über die Rede, die ihnen die Hirten gesagt hatten. Maria aber behielt alle diese Worte und bewegte sie in ihrem Herzen. Und die Hirten kehrten wieder um, priesen und lobten Gott für alles, was sie gehört und gesehen hatten, wie denn zu ihnen gesagt war.«

Um ihn geht es im Christentum, um alle Kinder, Hirtenfreude und die gemeinsame staade Zeit auch zur säkularen Weihnacht. Und um das Ende des langen Wartens, das nicht erst zum Adventsauftakt beginnt.

Der Regensburger Pieps Dengler bricht es auf diese wenigen hübschen Verse herunter:

»A's ganze Dorf is schneevowaht …
Da Rauhreif funklt in die Baam
und alles liegt so maiserlstaad,
als lusat's af'n schöna Traam.
Ma siecht koa Kircha, koa Kapelln.
Und dengerscht klingt um jedes Dach
a Glockn aus'ra liachtn Helln
Und singt a frohe Botschaft wach.
Was wird dös für a Botschaft sei?
Jamei, da gibt's do koa Erklärn;
was läutn d'Glockn anders ei.
als's heili Kindl, unsan Herrn!«

Und der Heiligabend beim Herrn Pfarrer Lackermeier? Nach dem Roratefrühstück wird die Wohnung gesaugt, mit dem Kaplan der Baum aufgebunden, dann werden Kranke besucht, an der Predigt wird gefeilt (7 bis 10 Minuten Dauer sind ideal), dann feiert er drei Metten zwischen Farchant und Partenkirchen, geht ebenfalls auf den Friedhof und nach dem letzten Hochfest gegen halb 12 Uhr nachts kommt dann auch zu den Geistlichen der Weihnachtsfriede. Mit einem Glaserl Wein lassen sie den Tag Revue passieren, tauschen den Klatsch aus (Wie war der Kirchenchor?) und begehen einen Moment der Stille und der Besinnung am von Kerzerl beleuchteten Baum. Denn nun ist er da, der Heilige Abend. Und die Vorfreude auf die nächste Adventszeit beginnt. Spätestens ab Ostern.

Nachwort

Wenn die staade Zeit vorüber ist, dann wird's auch wieder ruhiger!«, wusste bekanntlich schon Karl Valentin. Dabei bleibt es über die Feiertage samt Silvestervorbereitungen, Dreikönigstreffen und Kripperlschau bis Lichtmess ganz schön fidel. Und das ist doch etwas Schönes. Stefani kommt die Verwandtschaft, manchmal geht sie erst wieder im neuen Jahr. Zwischen den Jahren kommt sicher der Schnee und wir schnappen uns Ski, Rodel und Schlittschuh. Wenn er nicht kommt, hilft die Bauernregel aus dem Bayerischen Wald: »Weihnacht im Klee, Ostern im Schnee.« Umgedreht heißt es: »Je tiefer der Schnee, je höher der Klee.« Somit ist trotz Klimawandel entweder an Weihnachten oder an Ostern ein Skitag noch drin, während das jeweils andere Fest – wie mittlerweile immer öfter – im Grünen verläuft. Das erleichtert den Weihnachtsspaziergang. Und die Ruhe.

Wir schnaufen durch und lesen und genießen und schlafen (aus). Dann müssen noch allerlei Geschenke umgetauscht, Gutscheine eingelöst und etwaige Kränkungen beim Karpfenessen wiedergutgemacht werden. Schließlich verbringt man auch das neue Jahr beisammen.

Wir schauen Lichtlein, sehen Verwandte und Freunde wieder und besinnen uns der wichtigen, also der wirklich wichtigen Dinge. Die können bei jedem etwas anderes sein.

Die Rauhnächte zwischen den Jahren verlängern ohnehin das Löseln, das übrige Backwerk wird portioniert und vertilgt, die Reste von der Mettensau eingefroren und die Lieder- und Geschichtenbücher wandern ins Regal. Stellen Sie dazu doch nun auch diesen Adventskalender in Buchform, um auch in den nächsten Jahren immer einmal wieder zu den Stoaperchten, Rauschgoldengeln und Kripperlbauern zu blättern. Und auch wen übers Jahr die Weihnachtsvorfreude packt, der ist nur ein Buch vom Advent entfernt. Frohe Weihnachten!

Mein zweites Weihnachten und a Packerl fast so groß wie ich …

Anhang

Literaturverzeichnis

Bichler, Albert: Feste und Bräuche in Bayern im Jahreslauf, München 2013.

Dreyer, Angelika und Sepp, Martina: Der Münchner Adventskalender. Klaubauf, Klöpfeln, Kletzenbrot, München 2012.

Eichenseer, Erika und Adolf J.: Oberpfälzer Weihnacht. Ein Hausbuch von Kathrein bis Lichtmeß, Regensburg 2000.

Glattauer, Daniel: Der Karpfenstreit oder Die schönsten Weihnachtskrisen, München 2010.

Goepfert, Günter (Hrsg.): Alpenländische Weihnacht. Texte aus Oberbayern, Österreich, Schwaben, Schweiz und Südtirol, München 1977.

Göttler, Norbert (Hrsg.): Kripperlschnitzer und Wachszieher. Weihnachtliches Handwerk in Bayern, Dachau 2013.

Hipp, Hans: Lebzelten – Wachsstöcke – Votivgaben. Handwerk und Brauch, Pfaffenhofen 1984.

Hirscher, Petra: Weihnachten in Bayern. Von Martini bis Dreikönig – Traditionen und Bräuche für die »Stade Zeit«, München 2011.

Jacobus de Voragine: Legenda Aurea. Die Heiligenlegenden des Mittelalters, herausgegeben von Matthias Hackemann, Köln 2008.

Kumpfmüller, Judith (u. a.): Altbayerischer Festtags- und Brauchtumskalender. Oberbayern, Niederbayern, Oberpfalz, Dachau 2021.

Maurer, Hannelore: Ein Jahr zwischen Himmel und Erde – 52 Geschichten von Hannelore Maurer & Fotos von Herbert Reiter, Rohrdorf 2020.

Naumann, Jürgen (Hrsg.): Wunderschöne Weihnachtszeit. Die schönsten Lieder, Gedichte, Reime, Geschichten, Rezepte und Basteleien zur Weihnachtszeit, Köln 1979.

Polt, Gerhard: Circus Maximus. Das gesammelte Werk, Frankfurt am Main 2006.

Rattelmüller, Paul Ernst: Bairisches Brauchtum im Jahreslauf. Von Nikolo bis Kathrein, München 1985.

Ders.: Bewahrtes Brauchtum. Eine Bilddokumentation aus der Nachkriegszeit, München 1989.

Steinbacher, Dorothea: Wenn's draußen finster wird. Bräuche und Legenden für die Winterzeit, München 2020.

Weinhold, Gertrud: Das Gottesjahr und seine Feste, Zürich u. a. 1986.

Werner, Richilde und Paul: Weihnachtsbräuche in Bayern. Kulturgeschichte des Brauchtums von Advent bis Heilig Dreikönig, Berchtesgaden 1999.

Zeitler, Walther: Waldlerische Weihnacht, Grafenau 1972.

Weblinks

Augustiner Fatschenkindl: https://sammlungonline.muenchner-stadtmuseum.de/objekt/christuskind-im-gold-schrein-nach-dem-vorbild-des-muenchner-augustinerkindl-10041274.html

Engelämter: www.erzbistum-muenchen.de/cms-media/media-18028620.pdf, www.samerbergernachrichten.de/engelamt-aus-dem-buch-zwischen-himmel-und-erde/

Frauentragen: www.br.de/mediathek/video/br24-zeitreise-herbergssuche-im-bayerischen-wald-av:5e8088a-5f98799001a72244a

Kerbhölzer: https://krippenverband-nrw.de/hp-highlights/von-kerbhoelzern-himmelsleitern-und-adventshaeusern/

Klausen in Sonthofen: www.klausenverein-sonthofen.com/

Krippenspiele: www.youtube.com/watch?v=pf75WAjiAEo

Kunst + Krempel: www.br.de/br-fernsehen/sendungen/kunst-und-krempel/schatzkammer/religioese-volks-kunst/kunst-krempel-religioese-volkskunst-figuerliches-herbergssuche100.html

Lebzelten: https://de.wikipedia.org/wiki/Lebkuchenb%C3%A4cker

Lieder im Chiemgau: https://www.br.de/mediathek/video/alpha-retro-weihnachten-im-chiemgau-1963-av:5fa-2d3a57a6034001a70ea22

Losnächte: www.br.de/radio/bayern2/losnacht-im-stall-als-ochs-und-esel-reden-konnten100.html

Ludwig II.: https://schloesserblog.bayern.de/geheimnisse/ludwig-ii-und-das-weihnachtsfest

Nussmärtel: www.brauchwiki.de/nussmaertel/

O du fröhliche: www.frankenpost.de/inhalt.wunsiedel-o-du-froehliche-ein-trostlied-fuer-arme-und-verlasse-ne.70f250d7-5eb9-4958-bd1f-468117a0d851.html

Paradeisl: www.uni-regensburg.de/bibliothek/granatapfel/volkstuemlich/paradeisl/index.html

Perchten in Waging: www.stoaperchten.de/ueber-uns

Plätzchenstatistik: https://de.statista.com/statistik/daten/studie/1073021/umfrage/umfrage-zum-backen-von-weihnachtsgebaeck-und-plaetzchen-in-deutschland/

Räuchern: www.bayerischerbauernverband.de/themen/ernaehrung-verbraucher/raeuchern-ein-alter-brauch-lebt-auf-16694

Rauhnächte: https://zugspitz-region-podcast.podigee.io/6-landwirtschaft-tradition-und-rauhnachte

Rauschgoldengel: www.br.de/kinder/rauschgoldengel-nuernberger-christbaumschmuck-kinder-lexikon-100.html

Alle Internetseiten letzter Aufruf am 28. Juni 2022

Abbildungsnachweis

agefotostock: S. 71 (Foto: Florian Monheim)
akg images: S. 114
alamy: S. 80 (Foto: Hans Fürmann)
Allitera Verlagsarchiv: S. 48, 131
Axel Bascheck: S. 68
Bayerische Schlösserverwaltung, Maria Scherf, München: S. 118
Bayerisches Nationalmuseum, München: S. 85
Johannes Beer: S. 9
Bergerlebnis Berchtesgaden: S. 119
Bezirk Oberbayern: 72, 79, 82, 120
Bezirk Oberbayern, Archiv Freilichtmuseum Glentleiten: S. 8
erlebe Bayern: S. 13 (Foto: Angelika Jakob), 30 (Foto: Bernhard Huber), 33 (unten, Foto: Bernhard Huber), 126 (Jens Schwarz)
FENDSTUDIOS by Matthias Fend: S. 124
Filmproduktion »Werdenfelser Weihnacht«, Kamera Luca Imberi, Regie und Produktion Andreas M. Bräu, 2020: S. 24–25, 42, 46–47, 50, 109, 129
Gebirgsjägerbrigade 23 des Heeres der Bundeswehr, Bad Reichenhall: S. 103
Gemeinfrei/privat: S. 10, 11 (links), 12, 14, 16, 18, 19, 20, 21, 22, 27, 29, 36, 37, 38, 41, 43, 44, 45, 54, 57, 70, 73, 74, 76, 78, 83, 84, 87, 89, 90, 91, 92, 95, 98, 105, 108, 111, 115, 117, 121, 122, 128, 130, 132
Heimatmuseumsverein Wörgl / Tirol: S. 15
iStock: S. 97
Pixabay: S. 51 (links unten), 56, 69, 88, 96, 110, 112, 113
Privatarchiv Andreas M. Bräu: S. 40, 51 (oben und rechts unten), 64, 65, 93
Privatarchiv Britta Kägler: S. 11 (rechts) Privatarchiv Familie Bräu: S. 7, 39, 134
Privatarchiv Marianne Buchwieser: S. 66, 67
Regio Augsburg Tourismus GmbH: S. 94 (Foto: Wolfgang B. Kleiner)
Rothenburg Tourismus Service: S. 123
Stadt Nürnberg/Christine Dierenbach: S. 98
StoaPerchten e.V.: S. 33 (oben rechts und links), 35
SZ Photo: S. 23 (United Archives / Werner OTTO), 26 (RoHa-Fotothek Fürmann), 34 (Sebastian Beck), 55 (RoHa-Fotothek Fürmann), 59 (Fotoarchiv Otfried Schmidt), 86 (amw), 100 (Georgine Treybal), 102 (Andreas Heddergott), 106 (Robert Haas)
Peter Tippl: S. 31
Trachtenverein Edelweiß Niederaschau e. V.: S. 52
Werdenfelser Krippenfreunde e. V.: S. 62 (www.museum-aschenbrenner.de, www.werdenfelser-krippenfreunde.de)
Wikipedia: S. 14 (Sandstein, CC BY 3.0), 28 (Richard Mayer, CC BY-SA 3.0), 58 (CC BY-SA 4.0), 60 (CC BY-SA 4.0), 60 (CC BY-SA 4.0), 61 (Ailura, CC BY-SA 3.0 AT)

Bildunterschriften der Hauptkapitel

8: Ein gebasteltes Stückerl Paradies: Handgemachtes Paradeisl in einer Stube des Freilichtmuseums Glentleiten
14: Hier passen zwei Kerbhölzer akurat zusammen. Zwei sogenannte Alprechtshölzer aus dem Nachbarland Schweiz, von der Alpe Blümatt (Turtmanntal im Wallis), 1893
20: Puritanisches Silvestervergnügen mit Teelicht, Bleilöffel und Hoffnung auf eine bessere Zukunft
26: Mit dem richtigen »Grünen Daumen« blüht es, wenn der Christbaum steht: Barbarazweige in voller Pracht
30: Dem Grauen ins Gesicht geschaut! Wildes Kramperltreiben beim Klausenlauf in Sonthofen
36: Der nächste Picasso oder letzte Klasse Vorschule? Kinderzeichnungen zum Nikolaus
42: Der Autor bei der Lesung der »Heiligen Nacht« von Ludwig Thoma 2020 in der Pfarrkirche Sankt Martin in Garmisch
48: Zimtsterne, Anisplatzerl, Walnussmakronen: Kleine Sünden mit handgeschriebenem Rezept
52: Auf geht's zum Anklöpfeln! Kinder vom Trachtenverein Edelweiß Niederaschau im Chiemgau tragen die Tradition weiter.
56: Bärbel, Wonder Woman oder Engel? Das Nürnberger Rauschgoldoriginal
62: Bethlehem im Zugspitzmassiv: Werdenfelser Krippe im Museum Aschenbrenner in Garmisch-Partenkirchen
70: Sichtbare Verklärung und Heilige Rutschbahn aus dem Himmel: »Verkündigung an Maria«, Außenseiten zweier Altarflügel, um 1510
76: Ein bisschen grausig: Die heilige Luzia wird oft zum Zeichen ihres Martyriums mit ihrem Augenpaar in Händen dargestellt. Gemälde von Maestro de Perea (Master Perea), Valencia, 15. Jahrhundert
80: Beim vierten Kerzerl ist die lange Reise endlich zu Ende: Bildnis der Muttergottes, wie es beim »Frauentragen« vor allem in Bayern, aber auch im Österreichischen in der Adventszeit von Haus zu Haus getragen wird.
84: Gut gewickelt ist halb gewonnen. »Geburt Christi«, Gemälde von Bicci di Lorenzo, um 1430
88: Worauf schon der Hof schwor und noch heute die ganze Welt vertraut: Lebkuchengeschenkdose der Firma F. G. Metzger
94: Einladend und warm trotz winterlicher Kälte: Lichterglanz und Christkindlmarktfreude in Augsburg
100: Großes menschliches Figurentheater bei der Lebendkrippe am Andechser Christkindlmarkt
106: Singen macht glücklich und gemeinsamer Gesang im Advent erst recht! Traditionelles Fan-Weihnachtssingen 2014 in Giesing beim TSV 1860 München
110: Verhutzelt, aber zum Anbeißen süß: Zwetschgenmanderl und -weiberl auf dem Nürnberger Christkindlmarkt
114: Stichtag, Würstelbaum und Zwergerltraum: »Schlachtfest«, Holzstich von Ludwig Richter, 1861
118: Tannenpracht: Der hell erleuchtete Christbaum vor Schloss Nymphenburg in München
124: Eine Meisterin ihres Fachs an der Räucherpfanne: Kreisbäuerin Christine Singer
128: Der Heiland ist geboren! Halleluja! Gemälde der »Geburt Christi« von Hans Leonhard Schäufelein, Flügelvorderseite eines Marien- und Passionsaltars, um 1506

Dank

Ein herzliches Vergelt's Gott gilt zunächst Dietlind Pedarnig, der geistigen Mutter dieses Werkes und Autorin des Allitera Adventskalenders. Sie hat mir dieses Herzensprojekt aufs Auge und in die Seele gedrückt, sonst läge dieser schöne Band nun nicht vor uns. Ein großer Dank gilt meiner befreundeten Literaturagentin, Lektorin und Buchfreundin Eva Klaehn zur Vermittlung dieses Werkes sowie den vielen Zuträgern und Freunden mit Geschichten aus ihrer Heimat, hilfreicher Literatur und freundlichen Worten: Susanne Geuder, Petra Kiehl, Marianne Buchwieser, Christine Singer, Susanne Weber, Pfarrer Andreas Lackermeier, Christian Aicher, meiner Mama Gabi und meiner Frau Marisa, die bei der Recherche zu diesem Werk ein volles Weihnachtsjahr mit mir verbracht hat. Sie ist für mich Weihnachten in einer Person und ich freue mich drauf, alle weiteren Advente meines Lebens mit ihr zu feiern.

Autorenvita

Andreas M. Bräu, geboren in Garmisch-Partenkirchen, arbeitet seit mehr als fünfzehn Jahren als freischaffender Autor, Schauspieler und Moderator. Er agierte als langjähriges Ensemblemitglied am Kurtheater Garmisch-Partenkirchen sowie als dauerhafter Gastdarsteller am Staatstheater am Gärtnerplatz und wirkte in zahlreichen Komödien auf Tournee mit. Mittlerweile erweitert er sein Portfolio durch schriftstellerische und publizistische Tätigkeit mit Lesungen und eigenen Programmen. Seit seinem Germanistik- und Geschichtsstudium schreibt er Theatertexte und Blogs sowie eigene Moderationen für Kabarett und Bühne. Zudem engagiert er sich in literarischen Lesungen als Winkelstelle zwischen Literatur und (Musik-)Theater. Seit 2016 unterrichtet er zudem an einem Münchner Gymnasium mit den Schwerpunkten Deutsch, Geschichte, Sozialkunde und Theater. Bräu lebt in München und Garmisch.

www.andreasmbraeu.de

IRRWICHTEL IM ISARWINKEL

Lena Havek, Andreas M. Bräu
Irrwichtel im Isarwinkel
20 Familienausflüge zwischen Mittenwald und Bad Tölz
204 S., Flexcover, ISBN 978-3-96233-309-6
22,90 Euro

Ein gewitzt geschriebener, liebevoll bebilderter Wanderführer für die ganze Familie!

Rucksack packen, Wanderstiefel an und los geht's hinein ins Abenteuer! Mit diesem Buch gibt es keine widerwilligen Wanderwichtel mehr – denn auf allen Touren durch den Isarwinkel werden wir von uralten Sagengestalten begleitet, die gehörigen Motivationsschub leisten. Muss man sich vor dem Angstloch wirklich fürchten? Was hilft gegen Wetterhexen? Was genau ist ein Tölzer Prügel? Wer hat die Lenggrieser Hohenburg angezündet? Und woher kommen eigentlich all diese Steinmanndl? Wir klettern durch Klammen, entdecken Bärenhöhlen, folgen Irrlichtern, suchen nach untoten Riesen und Goldquellen. Immer begleitet von der Isarnixe auf ihrem wilden Wasserweg von Tirol bis ins Tölzer Moor …

Mit Einkehrtipps, Spielplatz-Checks, Badespaß und vielem mehr!